LES

QUATRE CENTS MILLIARDS

DE LA FRANCE?

RAPPORT AUX ACTIONNAIRES

PARIS

E. DENTU, LIBRAIRE-ÉDITEUR

PALAIS-ROYAL, 15-17-19, GALERIE D'ORLÉANS

1879

LES QUATRE CENTS MILLIARDS

DE LA FRANCE ?

PARIS

IMPRIMERIE BALITOUT, QUESTROY ET C⁶

7, rue Baillif, 7.

LES
QUATRE CENTS MILLIARDS
DE LA FRANCE?

RAPPORT AUX ACTIONNAIRES

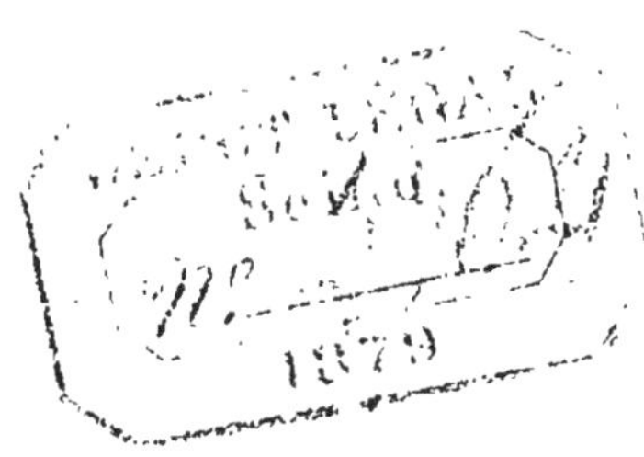

PARIS

E. DENTU, LIBRAIRE-ÉDITEUR

PALAIS-ROYAL, 15-17-19, GALERIE D'ORLÉANS

1879

LES QUATRE CENTS MILLIARDS

DE LA FRANCE?

RAPPORT AUX ACTIONNAIRES

Messieurs,

Dans les sociétés modernes, toute nation, quelle que soit sa constitution politique, quelle que soit la forme de son gouvernement, quelles que soient les doctrines des hommes qui exercent le pouvoir, n'est qu'une vaste compagnie d'assurances mutuelles.

Le but qu'elle se propose est de garantir l'indépendance nationale contre les risques extérieurs, qui peuvent provenir de l'administration des intérêts d'autres nationalités, et contre les dangers intérieurs, produits par les convoitises de telles individualités ou de tels groupes menaçant d'accaparer le gouvernement national pour usurper, par la force ou par l'intrigue, telle ou telle partie du capital de l'association, telle ou telle portion de l'indépendance de ses membres.

Ce double but, il est prescrit à tout gouvernement d'y consacrer une poursuite incessante, une surveillance de toutes les heures, une équité absolue.

Cela sous peine de forfaire au mandat qu'il a toujours le devoir et constamment la prétention de remplir;

Sous peine de laisser porter de graves atteintes au capital matériel de la nation, dont il gère les assurances, et de faire naître les embarras économiques conduisant à la malaisance, puis à la misère;

Sous peine de faire descendre le niveau des forces morales de la nation au-dessous de celui nécessaire pour la maintenir au niveau général du monde civilisé;

Sous peine d'amener la nation à disparaître plus ou moins vite dans le flot des invasions extérieures, poussé par les mouvements anarchiques de partis sans patriotisme, sans honneur, dont la faiblesse, l'ignorance ou la complicité gouvernementales ont amené, permis ou favorisé les manœuvres.

Les principes que nous venons d'émettre sont

incontestables, au-dessus de toute critique comme de toute négation.

Vous remarquerez, Messieurs, que ces principes sont communs à toutes les formes politiques. C'est vous assurer d'avance qu'en examinant, dans le seul but de vous éclairer, la conduite des conseils d'administration de *la France*, comme société d'assurance mutuelle, nous n'entendons pas discuter l'origine et la légitimité des pouvoirs de ces conseils ou de leurs membres.

Non, nous nous contenterons de démontrer qu'ils ont mal administré, qu'ils sont incapables ou faibles, qu'ils ont obéi aux calculs d'intérêts ambitieux ou cupides dont le coupable jeu a pesé sur la dignité, le calme et la richesse de la nation.

Nous restreindrons autant que possible, en la vulgarisant, la grande thèse dont nous avons dû esquisser les majestueux contours.

Nous partirons de ces prémisses bourgeoises que « le meilleur gouvernement est celui qui permet aux détenteurs du capital, sous toutes ses formes, de réaliser les plus forts dividendes. »

Sans nous arrêter aux tristesses des esprits, vulgairement appelés chagrins, qui attribuent à de telles prémisses l'effacement des caractères, l'énerv.ement moral des peuples, nous ouvrirons simplement devant vous le grand livre de la fortune publique.

Nous examinerons rapidement l'état actif et passif de la société d'assurances mutuelles *la France*.

Nous verrons quelle est la situation actuelle de son·agriculture, de son commerce, de son industrie, de ses finances.

Puis, sans nous arrêter une seule minute à chercher des arguments ou des comparaisons dans le passé, nous prouverons au gouvernement, au *centre gauche*, qui administre depuis neuf années notre grande compagnie économique, que, par incapacité ou dans un intérêt de cauteleuse ambition et de déplorable convoitise, il a méconnu ses devoirs ou il en a trafiqué.

PREMIÈRE PARTIE

PREMIÈRE PARTIE

LE CENTRE GAUCHE

Nous venons de qualifier d'un terme politique
le gouvernement de la République : nous l'avons
appelé *centre gauche*. Nous sommes donc amenés,
par la force même des choses, à définir le *centre
gauche*, à relever ses principes, à montrer comment il est devenu le gouvernement.

Cela est indispensable ; car si, comme nous
allons le prouver immédiatement, le centre gauche
est réellement aux affaires depuis neuf années,
sauf quelques très-courts intervalles ; si, nous l'é-
tablirons encore, le centre gauche n'a jamais dé-
siré mais a toujours subi la forme républicaine,
nous serons forcés de convenir que le parti répu-

blicain et ses hommes n'ont point encore donné la mesure de leurs aptitudes gouvernementales.

La responsabilité de la situation actuelle ne leur incombe donc pas. Il convient d'attendre, pour les juger définitivement, qu'ils aient triomphé des obstacles créés par le centre gauche ; qu'ils aient saisi la direction des affaires et leur aient imprimé le mouvement ascensionnel qu'ils affirment être l'essence de toute administration républicaine.

Qu'est-ce donc que le centre gauche?

Ce n'est évidemment pas le groupe plus ou moins limité des membres de la Chambre basse et de la Chambre haute, qui siégent sur des bancs situés dans telle ou telle région matérielle de l'une des deux Chambres.

Non, le centre gauche représente dans le Parlement français, depuis 1789, la portion de la bourgeoisie qui aspire au pouvoir directeur pour acquérir la fortune, et à la fortune pour conserver le pouvoir. Ne demandez donc pas au centre gauche de principes. Il n'en a qu'un, la fortune et, comme instrument de fortune, l'exercice du pouvoir.

Quand le centre gauche est parvenu au pouvoir et à la fortune, les principes lui viennent, parce qu'il comprend qu'on ne peut durer sans s'appuyer sur quelque chose d'éternel. Alors le centre gauche devient centre droit, le révolutionnaire cauteleux et faible se transforme en doctrinaire cassant et gourmé. Le petit bourgeois est devenu gros bourgeois. Il a fondé sa maison. Il appartient à une aristocratie qui a la prétention de se croire seule propre à gouverner, seule légitime, seule assez puissante pour concilier l'ordre avec la liberté.

Le centre gauche, c'est le duc d'Orléans avant le 7 août 1830; le centre droit, c'est Louis-Philippe Ier, ayant usurpé le trône de son neveu, de son maître, et régnant.

Le centre gauche, c'est les princes d'Orléans poussant, comme députés, au triomphe de la République; le centre droit, c'est les princes d'Orléans, représentés par le comte de Paris, allant faire amende honorable au château de Froshdorff.

Le centre gauche, c'est M. Thiers dans l'opposition, c'est l'homme des libertés nécessaires; le centre droit, c'est M. Thiers président de la République, l'homme de la volonté personnelle et des majorités soumises.

Le centre gauche fut, de 1830 à 1846, d'après lui, le cénacle des sages de la monarchie qui aspiraient à renverser M. Guizot.

De 1848 à 1851, il fut le cénacle des sages de la royauté expectante, voulant renverser les républicains et jouer les impérialistes.

De 1851 à 1870, il redevint le cénacle des sages de la monarchie, aspirant à transformer l'Empire pour se faufiler au gouvernement.

De 1870 à la mort de M. Thiers, et s'inspirant des paroles du « petit bourgeois » : « Le pouvoir sera aux plus sages, » le centre gauche est arrivé.

Le centre droit lui a inspiré deux fois des craintes, sous la présidence du maréchal de Mac-Mahon, dont les instincts conservateurs se réveillèrent pour retomber impuissants ou découragés devant la faiblesse de ses ministres.

Depuis le 14 octobre 1877, le centre gauche est seul aux affaires. Il a conquis les opportunistes de droite avec M. Dufaure, les opportunistes de gauche avec M. Gambetta.

Il y a trois mois, l'œuvre politique du centre gauche s'est couronnée par la présidence de M. Grévy, le sage des sages, l'opportuniste par excellence, la statue en zinc doré de l'opportunisme, le « petit bourgeois », plus petit et plus bourgeois que M. Thiers.

Etudier le centre gauche en marche vers le pouvoir et conduit par M. Thiers n'est donc pas inutile à l'œuvre, même limitée, que nous entreprenons.

Puisque le centre gauche est en possession du gouvernement, puisque nous allons demander compte à ce gouvernement de la manière dont il administre la fortune économique de la France, il importe de bien faire connaître les allures et les doctrines du centre gauche.

Commençons, il le faut bien, par commenter l'opinion de M. Thiers quand il était le chef avoué de l'opposition, quand il menait « les petits bourgeois » à l'assaut contre le régime établi.

Ainsi M. Thiers, le prophète du centre gauche sous la monarchie comme sous l'Empire ; M. Thiers, qui, s'il vivait encore, serait président de la République ; M. Thiers, dont le centre gauche a pris le suaire pour drapeau politique ; M. Thiers disait le 26 janvier 1866, dans son discours sur les principes de 1789, — il s'agit bien, n'est-ce pas? des principes de 1789 à l'heure même où nous écrivons : — « Les hommes qui ont été les auteurs de » la Constitution de 1814, pleins de la révolution » française, n'étaient influencés que par les specta- » cles auxquels ils avaient assisté, par les deux » grandes expériences qu'on avait faites : l'une,

» l'expérience de l'anarchie ; l'autre, l'expérience
» du despotisme.

» A l'expérience de l'anarchie on emprunta la
» résolution de rétablir les deux Chambres.....

» A l'expérience du despotisme on emprunta la
» sage résolution de démolir le mur que Napoléon
» avait établi entre son gouvernement et le Corps
» législatif, et on exigea que les ministres, repré-
» sentants responsables de la royauté, vinssent
» discuter leurs actes devant les Chambres. Là est
» toute la constitution de 1814. Elle a été emprun-
» tée aux expériences de la révolution française,
» elle est sortie de ses entrailles.....

» Lorsque, en 1830, nous avons été maîtres
» de modifier cette constitution nous n'avons pas
» songé à la changer.

» Pas un de nous n'a pensé à une autre consti-
» tution que celle-là..., parce qu'elle était à nos
» yeux la constitution nécessaire des Etats libres.
» Nous avons changé deux ou trois articles seule-
» ment..., mais le fond est resté, fond éternel
» qu'aucun homme sensé ne peut songer à mo-
» difier. »

Suivant M. Thiers, les effets de cette constitution, aux principes immuables, font que « l'opi-
» nion publique, lorsque cette opinion a été dis-
» cutée librement et librement adoptée par deux

» Chambres d'origine différente, n'est pas un vain
» bruit. Elle atteint le but que les principes
» de 1789 se sont proposés. Elle devient la règle
» obligée des actes du gouvernement.

» Et comment cela se peut-il ?

» Je suppose que l'opinion publique se trouve
» parfaitement d'accord avec les dépositaires de
» l'autorité ; dans ce cas, il n'y a qu'à maintenir
» hommes et choses.

» Mais si elle n'est pas d'accord avec les déposi-
» taires de l'autorité, que faut-il faire ? Pour cette
» circonstance, la république a ses moyens, la mo-
» narchie a les siens. Sous la république, on
» change le chef de l'Etat ; sous la monarchie héré-
» ditaire, qui a prévalu en Europe, on change,
» non pas le chef de l'Etat, mais les ministres de
» la couronne. »

Et M. Thiers ajoute dans le même discours,
tenu sous l'Empire :

« Mon langage n'est inspiré par aucune hostilité
» personnelle, mais par des convictions profondes,
» avec lesquelles, enfant de 89, je suis né, avec
» lesquelles, homme, j'ai vécu, et avec lesquelles
» je mourrai. »

Le 26 janvier 1866, le centre gauche, représenté

par M. Thiers, s'écriait volontiers : « La France
» est centre gauche. » Le centre gauche, disons-
nous, était partisan de la monarchie héréditaire.
Il l'a prouvé par l'universalité de ses membres les
plus éminents lors du vote plébiscitaire de 1870.
Pour M. Thiers et pour le centre gauche, l'état
politique créé par la constitution de 1830 était la
suprême vérité politique.

Comment le centre gauche explique-t-il que
cette constitution ait disparu ?

« Elle a disparu, assure encore M. Thiers, dans
» une crise nouvelle de la période révolutionnaire
» ouverte en 1789, dans une crise nouvelle de
» cette tourmente, la plus grande qu'on ait vue. »
« Et cela », affirme-t-il, « est la vérité histori-
» que. »

Non, historiquement, la période révolutionnaire de 1830 s'est ouverte par l'action du centre
gauche, par la campagne dite des banquets, que
menaient les sommités politiques du centre gauche, non-seulement dans le pays extra-légal, mais
dans les deux Chambres d'origine différente.

La charte de 1830, la constitution élaborée par la
bourgeoisie arrivée au pouvoir, s'appuyant sur une
monarchie de son choix et sur les principes de
1789, tels que le centre gauche les comprenait, dé-

montra, le 24 février 1848, son impuissance et celle de ses parrains à clore la période révolutionnaire.

On ne saurait donc admettre que le seul mobile de nos révolutions successives soit « la grandeur d'une tourmente » soulevée il y a bientôt un siècle.

Il serait vraiment trop commode aux traîtres, aux ambitieux, aux égoïstes et aux incapables de rejeter leurs crimes et leurs fautes sur le tempérament trop nerveux d'une nation ardente ; d'attribuer sa mort à une épilepsie en quelque sorte congéniale, quand on l'aurait empoisonnée à dose continue, étouffée, comme Desdemona, sous l'oreiller bourré d'orgueil et de jalousie, ou éventrée comme des cannibales pour se repaître du fruit de ses entrailles.

Mais, d'ailleurs, nous allons trop loin. Le centre gauche n'éventre pas ; il sait à qui s'adresser pour ces sanglantes orgies. Il n'étouffe pas ; il n'est point Othello, mais Iago : il calomnie. Il n'empoisonne pas ; il se borne à tenir officine de poisons subtils.

Après tout, les causes initiales de la tourmente

révolutionnaire, qui dure encore d'après M. Thiers et le centre gauche, proviennent du peu d'esprit politique montré par le Tiers-Etat en 1789, et continué depuis par la bourgeoisie en marche vers l'acquisition de la fortune et l'usurpation du pouvoir; par le centre gauche tel que nous le voyons depuis neuf années au gouvernement.

Ecoutons encore M. Thiers, à ce sujet, dans son discours du 13 avril 1865, sur la question romaine :

« Oui, la vérité avant tout ! Soit, je comprends » aussi bien que personne ce langage, moi qui, né » dans les rangs du parti de l'ordre, élevé dans » son sein, ayant longtemps combattu avec lui, » n'ai pas hésité, malgré des interprétations qui » m'étaient souvent douloureuses, à me séparer de » lui quand je croyais que l'amour de l'ordre » nuisait chez lui à l'amour de la liberté. »

Après de tels aveux, il est difficile de comprendre que, dans le même discours, M. Thiers s'étonne « quand on veut faire des plus anciens serviteurs » de la liberté le souci des hommes d'ordre. »

« Voyez, dit-il, quel calcul est dirigé contre » nous ! Se produit-il quelque part le moindre » trouble, la moindre agitation, c'est à nous qu'on » s'en prend. Y a-t-il le plus léger bruit, c'est nous » qui arrivons, suivis des masses démagogiques,

» prêtes à tout engloutir ; c'est nous, en un mot,
» qu'on veut faire la cause des insomnies de l'u-
» nivers. »

Que répond l'histoire à l'audacieux « petit bour-
» geois » ?

Est-il vrai qu'en 1789 les prétendus amis de la
liberté ont accompli par la violence, ou mieux,
laissé s'accomplir par la violence une révolution
sociale, appuyés par les « masses démagogiques »
qui devaient bientôt inaugurer la Terreur ?

Est-il vrai qu'en 1814, les amis prétendus de la
liberté envoyèrent au camp des étrangers déclarer
que la France, « tremblante sous la tyrannie impé-
» riale, n'osait pas manifester ses véritables senti-
» ments ; que, sachant les cours de l'Europe occu-
» pées à négocier à Chatillon avec le despote,
» elle était encore moins disposée à lever contre
» lui l'étendard de la révolte ; mais que, si l'on
» rompait définitivement avec lui, les monarques
» alliés verraient éclater autour d'eux un élan im-
» mense en faveur de la maison de Bourbon ? »
(THIERS, *Histoire du Consulat et de l'Empire.*)

Est-il vrai qu'alors le parti libéral abaissait la
majesté de la France devant l'ennemi ?

Est-il vrai que le magique retour de l'île d'Elbe prouvait, un an plus tard, que le parti libéral avait audacieusement trompé la diplomatie étrangère ?

Est-il vrai que, le 7 août 1870, les amis de la liberté, après avoir poussé au combat les « masses démagogiques », usurpèrent le pouvoir pour le confier au duc d'Orléans ?

Est-il vrai que le parti libéral, parvenu aux affaires, dut écraser dans soixante-douze insurrections successives, en moins de dix-huit ans, les « masses démagogiques » qu'il avait exploitées ?

Est-il vrai que, le 24 février 1848, les amis de la liberté, toujours appuyés sur les « masses démagogiques », qu'ils devaient décimer dans la formidable insurrection de Juin, culbutèrent la royauté contractuelle, bien qu'elle fut couverte par la majorité des deux Chambres et la responsabilité ministérielle ?

Est-il vrai que, le 4 septembre 1870, les amis de la liberté, aidés des «masses démagogiques», qu'ils ont mitraillées en 1871, aient renversé Napoléon III, bien qu'il fut garanti par la responsabilité ministérielle et la majorité parlementaire ?

Est-il vrai que cette dernière révolution ait livré la France à la merci de l'étranger ?

C'est incontestable.

Il nous semble, Messieurs, que, après une série d'actes accomplis avec une si terrible persévérance, on ne saurait être surpris que les prétendus amis de la liberté, les politiques du centre gauche « cau-
» sent des insomnies à l'univers ».

Mais ne pensez pas qu'ils s'avouent un seul instant responsables de ces nombreuses révolutions et du sang qu'elles ont versé à flots.

Ecoutez toujours M. Thiers :

« Eh bien, si, depuis 1789, l'on avait voulu, après
» chaque révolution, prendre la France au mot, on
» l'aurait bien des fois embarrassée.

» Lorsqu'elle proclamait, en 1792, la république
» une, indivisible, impérissable, fallait-il alors la
» prendre au mot ?

» Lorsque, fatiguée des agitations de cette répu-
» blique, elle se jetait aux pieds du jeune général
» Bonaparte, promettant de lui appartenir à jamais,
» fallait-il la prendre au mot ?

» Et lorsque, en 1814, elle revenait à la famille
» de ses anciens rois, attribuant tous ses malheurs
» à ce qu'elle s'était séparée d'eux, et lorsque, un

» an après, elle disait que leur retour n'était que la
» suite de violence exercée sur elle par l'Europe et
» qu'elle revenait définitivement à Napoléon ;

» Et lorsque, cent jours après, elle revenait encore
» à la maison des Bourbons ;

» Et lorsque, en 1830, n'ayant pas réussi à fonder
» la monarchie constitutionnelle avec la branche
» aînée, elle essayait de la fonder avec la branche
» cadette ;

» Et enfin, en 1848, quand elle se proclamait
» une seconde fois, et pour jamais, en républi-
» que, lequel de ces jours fallait-il la prendre au
» mot?

» Certes, en m'exprimant ainsi, ce n'est pas mon
» pays que je veux accuser d'inconséquence... Je
» n'en conclus qu'une chose : c'est qu'il ne faut
» jamais prendre pour définitif tout ce que dit un
» peuple en révolution. » (Thiers, 13 avril 1865,
discours sur la question romaine.)

M. Thiers est, on l'avouera, fort intéressant.

D'une part, il établit que les constitutions de
1814 et de 1830 donnaient sans cesse aux représentants du pouvoir les moyens de connaître l'opinion publique;

D'autre part, il prouve que, sous le régime de
ces constitutions, c'est l'esprit révolutionnaire qui

a pénétré l'opinion publique et qu'il ne fallait pas tenir compte de cette opinion.

Que faut-il en conclure ?

Deux choses d'une suprême évidence :

Quand le centre gauche est dans l'opposition, il faut sans cesse agiter, tromper, suborner l'opinion publique, conspirer même avec les « masses démagogiques » ou tout au moins transiger avec elles pour l'amener au pouvoir ;

Quand le centre gauche est au gouvernement, il faut comprimer l'opinion publique et n'en tenir aucun compte pour qu'il puisse s'y maintenir.

Donc, le centre gauche n'a qu'une politique : fomenter la révolution afin d'atteindre la fortune et les dignités.

D'opinion publique sérieuse, il n'y en a jamais eu en France, pour le centre gauche, depuis 1789 jusqu'à nos jours.

Que penser d'un parti de gouvernement qui confesse de telles immoralités ?

Enfin, M. Thiers, en terminant l'*Histoire du Consulat et de l'Empire*, émet l'aphorisme suivant :

« Il ne faut jamais aliéner sa liberté, et, pour ne

» pas être exposé à l'aliéner, n'en jamais abuser. »

Qu'est-ce que ne pas abuser de la liberté ?

C'est observer les lois de l'ordre.

Eh bien, la bourgeoisie française, et nous entendons par bourgeoisie l'ensemble des citoyens que la révolution de 1789 a délivrés du joug de tout privilége ; qui, par le travail, l'économie, la succession dans la propriété, se sont assuré la liberté économique la plus complète, — la bourgeoisie française, disons-nous, n'a jamais eu et n'a pas encore le sentiment de l'ordre.

Très-positive au point de vue commercial, elle est doctrinale et hasardeuse en politique.

Depuis Louis XV et l'œuvre des encyclopédistes, elle en est toujours à la proposition de l'abbé Seyès : « Qu'est-ce que le Tiers-État ? Rien. Que » doit-il être ? Tout. »

Elle vit d'abstractions. Elle croit encore à la prépotence du clergé et de la noblesse, à leur désir de reprendre tout ce qu'ils ont sacrifié dans la nuit du 4 août 1789.

Elle est craintive, ombrageuse, comme si elle n'avait pas réalisé ses projets et qu'elle ne fût point en définitive devenue tout dans l'Etat.

Elle possède, en effet, toutes les charges, toutes les fortunes, toutes les administrations et ne semble pas comprendre que cet énorme droit lui crée d'immenses devoirs.

En détruisant par la révolution tous les priviléges et toutes les corporations, en appelant même à son aide les conspirations des princes contre le roi, et des « masses démagogiques » contre la monarchie, la bourgeoisie s'est faite volontairement la tutrice de tous les intérêts économiques.

Il ne suffit pas à la société française que la bourgeoisie soit libre, il faut que cette bourgeoisie donne à chacun la liberté, et, pour cela, qu'elle n'abuse pas de la sienne.

Chez aucun peuple du monde il n'existe un état politique aussi pratiquement absolu.

Non-seulement la révolution française a détruit toutes les divisions de l'ancien ordre de choses, mais elle a brisé les liens de l'individu avec la société, excepté ceux indispensables au jeu de la propriété concentrée tout entière entre les mains de la bourgeoisie.

Hors de la bourgeoisie point de salut.

Cela est-il bien? cela est-il mal? Toujours est-il que cela est.

La bourgeoisie, cette imprudente souveraine économique de la France, n'a d'autres limites que la propriété. La naissance, la majorité, le mariage, la mort elle-même ne sont, dans la société française officielle, que des actes de la propriété.

C'est incontestable.

Mais il est également incontestable que la propriété légitime s'acquiert seulement par le travail.

Le travail est donc la propriété en croissance, ou, si l'on peut s'exprimer ainsi, la propriété mineure. A cette minorité, il faut une tutelle à la fois ferme et bienveillante; il faut une intelligente prévoyance; il faut encore de bons exemples.

Comme l'enfant a besoin du grand air pour se développer, il faut au travail un vaste champ industriel et commercial où toutes ses forces puissent se mouvoir.

Comme à l'enfant, le calme, c'est-à-dire l'ordre dans la société, lui est nécessaire.

La propriété mineure devra respecter la propriété acquise, dont elle procède, mais à la condition naturelle que celle-ci se montrera digne de respect. Or, la toute-puissance n'est respectable que si elle est la toute-justice dans sa calme et bienfaisante fermeté.

Au travail, fils de la propriété, impossible sans elle ou sans son concours, il faut un père et non un maître.

Eh bien, le centre gauche ne semble pas se rendre compte des nécessités économiques que nous venons d'énoncer.

Pour nous bien comprendre, il faut se rappeler sans cesse la définition de la propriété; elle est, du reste, inattaquable :

« La propriété n'est pas seulement la possession d'un plus ou moins grand nombre d'objets meubles ou immeubles; mais cette possession dans des limites telles que les instruments de travail et les moyens de les mettre en œuvre appartiennent à celui qu'on appelle propriétaire, c'est-à-dire qu'il ait en mains propres les forces utiles pour conserver et reproduire la propriété. »

Il n'y a pas, au moment actuel, plus d'un dixième de la population française qui soit entré dans la bourgeoisie. Et si l'on applique l'expression bourgeoisie à l'ensemble des citoyens qui pratiquent les doctrines du centre gauche ou qui, pour être plus exacts, n'ont, comme le centre gauche, aucuns principes, on est forcé d'admettre que, depuis neuf ans, l'administration nationale est dirigée en vue des intérêts de moins d'un quarantième de la population.

Il est donc indispensable, sous peine de révolution permanente, d'arracher à ce quarantième, intri-

2.

gant et avide, les moyens d'exploiter, à son seul
profit, le monopole politique, administratif, industriel et commercial. Il faut tout faire pour le chasser du pouvoir et l'y remplacer par des hommes
attachés aux vrais principes de la conservation sociale, conservation qui ne s'applique point à la propriété exclusivement, mais encore au travail, qui la
féconde.

Le centre gauche, le bourgeois à la conquête de
l'opulence et des honneurs, veut être le seul maître
du gouvernement et du travail. Il comprend très-
bien les lois de l'offre et de la demande, à condition
qu'il ne demande jamais et que ses offres soient
toujours forcément acceptées. Puis, comme cela
est impossible, même avec les tarifs protecteurs,
même et surtout avec le marché national, scrupuleusement fermé, quand le centre gauche n'est pas
au pouvoir, il murmure, s'impatiente, s'agite et
conspire.

Alors les déclassés de la politique, de l'ambition,
de la propriété, du travail et de la morale, fauteurs
de toutes les oppositions parlementaristes, com-
mentateurs de toutes les doctrines malsaines, s'at-
tellent à la machine révolutionnaire.

Un prétexte, habilement choisi par le centre
gauche, et toujours pris dans le symbole de l'or-

dre par la liberté, devient le mot de ralliement.

Un frisson passe de la tribune à la rue ; la poudre parle et le gouvernement s'écroule au cri de vive la charte ! de vive la réforme ! de vive la république !

La charte étant devenue une vérité, la réforme obtenue et dépassée, la république proclamée, le centre gauche chasse à coups de fusil dans les ateliers les soldats de l'émeute, emprisonne ou exile ses chefs ; puis il s'endort sur son oreiller parlementaire, égaré dans ses songes d'intrigues impuissantes, attendant avec un imprudent égoïsme que la tourmente se calme, que la propriété se rassure et que le travail reprenne.

La bourgeoisie centre gauche a beaucoup des anoblis de la fin du règne de Louis XV. Elle traite volontiers le travail comme cette noblesse traitait la bourgeoisie. Elle est sceptique, frondeuse, avide, de mœurs légères. Elle aime à taquiner le pouvoir, en quelques mains qu'il se trouve. C'est elle qui subventionne, en achetant et en propageant leurs pamphlets, les écrivains de vogue, de popularité, de luxe et de scandale. C'est elle qui applaudit aux harangues politiques des jeunes vautours du barreau.

Elle rit de tout, excepté de ses droits, qui deviennent de lourds monopoles dès qu'il lui est loisible de les appliquer.

Si la république sociale ou particulariste, la Commune ou la Convention pose sa main brutale sur la propriété, ce que la révolution désire, et sur le travail, ce dont elle ne paraît pas se douter, mais ce que son triomphe rendrait fatal, ce sera la faute de la bourgeoisie centre gauche.

Après avoir joué avec la révolution radicale, comme la noblesse sous le Régent et sous Louis XV, comme la grande bourgeoisie et les princes de la branche cadette de Bourbon sous Louis XVI et les assemblées nationales, elle sera comme eux la coupable victime de la Terreur.

Le centre gauche mûrit tous les jours les combinaisons anarchiques et immorales qui produisent les révolutions. Ces combinaisons sont bien près d'être à point et la révolution est toute prête à éclater.

Qu'on ne vienne pas nous dire, comme naguère, que, avec notre civilisation et nos mœurs, la Terreur est impossible. Le sang des massacres contemporains souille encore les préaux de nos prisons et les pavés de nos villes. Les murs de nos palais profilent encore sur le ciel leurs ruines aux baies calcinées par le pétrole, cet enduit moderne dés flambeaux humains, imités de Néron par les adeptes du particularisme.

Quand les bourgeois centre gauche auront admis que la propriété, toute puissante en France, a des obligations de tuteur et de père envers le travail, cette propriété mineure; quand ils seront résolus à vivre politiquement et économiquement du droit et non du privilége, l'ordre sera définitivement fondé, toutes les forces de la société seront abritées contre l'anarchie et contre le despotisme.

Quant à vous, parlementaristes de toute nuance, doctrinaires philosophiques ou historiques, grands admirateurs de la grande éloquence des Cicéron, n'oubliez point que vous aviez à Rome, depuis plusieurs siècles, deux chambres d'origine différente quand vous avez gagné contre Catilina la bataille de Pistoie, et que cette bataille fut livrée sous le grand pontificat de Caius-Julius César.

Rappelez-vous que les peuples ne vivent ni de belles phrases ni de belles intrigues, mais de belle, bonne et saine administration sociale.

Ils finissent toujours par être pour César contre Pompée, pour Auguste contre Antoine, pour la force au service des droits du plus grand nombre, contre les mercenaires des priviléges et des castes. Aussi la politique centre gauche est celle qui, après les Pistoie, conduit fatalement aux Pharsale et aux Actium.

Mais rentrons dans le terre-à-terre des petites intrigues depuis neuf longues années.

On vient d'écrire que le général La Fayette était le fondateur du centre gauche.

Il n'en est rien. Ce groupe égoïste est contemporain de toute société, même embryonnaire, et, plus vous descendez l'échelle de la civilisation, plus vous trouvez actifs, dangereux, coalisés, les sceptiques sans principes affectant le culte des principes pour tromper la masse et exploiter toutes les jouissances.

Cela ne fait aucun doute pour ceux qui connaissent les mœurs orientales, pour ceux surtout qui ont pu pénétrer les mœurs des chefs de tribus africaines.

La politique centre gauche est éternelle.

Elle consiste à flatter les vices des hommes pour les dépouiller et vivre de leur travail.

Dans la civilisation, cette politique est plus habile, nous pourrions dire plus complète, en ce qu'elle est forcée de compter avec les vertus humaines, et qu'il lui faut parfois les parodier.

C'est ainsi que le centre gauche se présente à l'Assemblée nationale convoquée, en 1871, à Bordeaux. Il s'y pose comme monarchiste. Il n'ose pas dire avec La Fayette : « La monarchie con- » tractuelle est la meilleure des républiques, » parce que les républicains, bien qu'en minorité dans la Chambre, pourraient, en s'unissant aux royalistes, porter un coup mortel à la dynastie d'Orléans. Aussi le centre gauche incline-t-il vers la dynastie légitime, dans ses confidences extra-parlementaires, et laisse-t-il entendre volontiers que le retour de l'ordre n'est possible que par la restauration de cette dynastie réconciliée avec la branche d'Orléans.

La majorité de l'Assemblée nationale, sous l'impulsion du centre gauche et de M. Thiers, tant qu'il croit avoir à compter avec le centre droit, se montre fusionniste.

Le petit bourgeois a dit ou laissé dire : « En » 1830, nous nous sommes trompés ; nous avons » voulu faire un civet sans lièvre. Le lièvre mo- » narchique c'est le comte de Chambord. »

M. Thiers inspirait alors de graves soupçons aux républicains ; mais, bientôt menacé dans sa prépotence personnelle par les concessions mêmes qu'il était forcé de faire à la république, il perdit la confiance entière du centre droit et d'une partie du centre gauche.

Il s'écroula sous les intrigues des deux centres

coalisés, à l'heure où les centriers de la droite pensèrent que la fusion était possible, et ceux de la gauche que le lièvre royaliste se laisserait forcer à son gîte et tomberait à point dans la casserole de l'ordre par la liberté ; que le comte de Chambord se soumettrait ou abdiquerait.

Le septennat du maréchal de Mac-Mahon sortit de cette double erreur et de l'intrigue greffée sur elle, que les impérialistes eurent la faiblesse de favoriser. Le centre gauche quitta le gouvernement, où, du reste, il s'était singulièrement conduit.

Voilà le centre gauche en politique.

Au point de vue financier, on se souvient encore de l'imprudente et égoïste précipitation avec laquelle M. Thiers traita personnellement des préliminaires de la paix.

On sait aujourd'hui avec quelle insouciance hautaine le petit bourgeois fit aux financiers litière du crédit de la France dans l'émission onéreuse des milliards de l'indemnité de guerre.

Le grand homme d'Etat du centre gauche ignorait-il la puissance de nos ressources et de notre crédit ? Etait-il pris d'une fièvre chaude pour le pouvoir qu'il désirait ? Se hâtait-il ? Se créait-il des partisans peu scrupuleux dans la haute banque et dans la basse spéculation pour usurper promptement le titre de libérateur du territoire, enrichir ses plus chauds partisans et prouver que, s'étant proclamé le plus sage, il était le plus habile, le plus savant, le plus audacieux?

On n'attend pas de nous l'histoire du protectorat personnel de M. Thiers ;

L'examen de la loi sur l'organisation de l'armée, qui porte au plus haut degré l'empreinte des priviléges qu'entend conserver la bourgeoisie ;

Des budgets étrangement équilibrés sur les impôts les plus lourds et les moins productifs ;

De la politique de réaction contre les traités de commerce de 1860 et les principales mesures économiques destinées à donner satisfaction aux légitimes besoins des masses travailleuses.

Non, sans doute, nous toucherions à l'histoire, et nous n'avons, Messieurs, à vous entretenir que de l'actualité.

De tout ce protectorat, aux doctrines confuses, réactionnaires et bourgeoises, nous ne retenons qu'une chose : la servilité absolue des ministres responsables que le petit bourgeois avait intégralement choisis dans le centre gauche.

Un seul exemple nous suffira pour démontrer

cette servilité : le projet de loi sur les droits d'entrée des matières premières.

Ce projet fut voté par des membres du cabinet appartenant au centre gauche contrairement aux principes de toute leur vie, aux principes qu'ils déclarent professer encore à l'heure où nous écrivons.

Libre-échangistes, ces ministres prêtèrent effrontément leur concours à la restauration du régime protecteur, ils sacrifièrent sans pudeur leur foi économique aux intrigues du centre gauche et de leur chef.

Nous connaissons en politique appliquée bien peu d'exemples de pareille trahison. Trahison bien inutile, car la loi sur les matières premières ne put résister à son application.

Les républicains la votèrent pour conquérir définitivement M. Thiers à leur cause.

Le centre gauche l'adopta pour ramener le monopole de ses manufactures et mettre la main sur la bourse des consommateurs.

Les ministres s'y rallièrent pour conserver leurs portefeuilles.

Le 24 mai 1873, la chute de M. Thiers devait amener au gouvernement les sommités de la droite, du centre droit et celles du centre gauche, qui s'étaient, en apparence au moins, séparées de la politique à double tranchant de l'ancien protecteur pour se rallier à la monarchie.

Cette première coalition gouvernementale fut bientôt renversée au profit du centre droit, qui s'était rapproché du centre gauche et qui rêvait l'union indestructible de ces deux groupes dans le Parlement.

Mais il faut remarquer que la France se lassait déjà de telles intrigues et que les élections partielles augmentaient, de jour en jour, les forces des républicains et même celles des impérialistes.

Les centres précipitèrent les tentatives de fusion; l'on vit partir le comte de Paris pour Frohsdorff et les deux branches de la maison de Bourbon effacer le passé sanglant et spoliateur qui les séparait.

Le comte de Chambord voulut bien pardonner à ses cousins les crimes de leurs pères.

Les centres se crurent alors en situation de faire restaurer la monarchie par l'Assemblée nationale ; mais le centre gauche, les orléanistes, entendaient, sans le dire encore nettement, qu'ils poseraient la couronne sur le front du roi ; qu'ils lui dicteraient la Charte ; qu'ils en feraient leur homme lige, l'exécuteur de leur volonté.

Ils essayèrent de tromper le comte de Chambord

et de l'enfermer dans le fameux dilemme posé plus tard au maréchal de Mac-Mahon : « Il s'agit de se soumettre ou de se démetttre. »

Le Roi ne voulut point être le premier commis de la Chambre, et sa conscience de roi, comme ses devoirs de catholique, lui défendaient d'abdiquer.

La fusion avait échoué.

La coalition des centres restait impossible.

Le septennat du maréchal de Mac-Mahon devenait une machine folle, sans effet utile.

La république légale ne pouvait plus se faire attendre longtemps.

La constitution Wallon, ce *Credo* centre gauche, fut en effet votée par la Chambre à la majorité d'une seule voix.

L'opportunisme républicain allait naître.

Le centre gauche ressaisissait le gouvernement.

C'est en vain que le centre droit fait placer M. Buffet à la présidence du conseil, le duc d'Audiffret-Pasquier se saisit de la présidence de l'Assemblée.

Le centre gauche va rentrer à pleines voiles dans les voies de l'immoralité et de la trahison.

Personne, certainement, n'a oublié l'étrange conduite du garde des sceaux et du ministre des finances contre le président du conseil des ministres lors des élections de 1876.

Personne n'ignore la honteuse anarchie jetée par le centre gauche au milieu de ces élections.

Les républicains de nuances diverses y trouvèrent une majorité certaine. Mais, grâce aux doctrines de l'opportunisme, le centre gauche se saisit de tous les portefeuilles, de toutes les préfectures, de toutes les administrations.

Il en profita pour miner les principes de l'ordre dans les départements, pour désorganiser la police, pour tout préparer à l'invasion des « masses démagogiques », dont il favorisait la prochaine arrivée; pour tolérer dans la Chambre basse les attaques aux appuis de toute société organisée; pour laisser mettre sournoisement la main sur la liberté de conscience.

Les lois Ferry sont en germe dans les dissentiments qui éclatèrent, en mai 1877, entre le président de la république et le ministère de M. Jules Simon.

Ce sont, au moins, les causes apparentes du pseudo coup-d'État du 16 mai, entreprise malheureuse, mal conçue, plus mal exécutée, qui conduisit au triomphe de la république appuyée partout sur le centre gauche et s'empressant de lui demander des hommes de gouvernement.

Le maréchal de Mac-Mahon n'eut d'abord qu'à se soumettre; il se soumit jusqu'aux élections

sénatoriales, qui donnèrent aussi des résultats républicains.

Alors, il ne resta plus au maréchal, ne tenant à son poste que grâce à l'opportunisme de M. Gambetta, qu'à se démettre ; il se démit.

Le centre gauche, dont le duc de Magenta avait amené, puis soutenu les principaux membres au gouvernement, lui refusa son concours pour garantir la France des tentatives de l'anarchie.

Le centre gauche se proclama républicain.

Il s'empressa de pousser ses hommes aux hautes fonctions administratives et financières.

Il avait déjà mis la main sur les grands établissements de crédit soumis au contrôle de l'Etat ; il dut se rabattre sur le portefeuille des finances, sur celui de la justice, sur celui de la guerre ; il se hâta de prendre une large part à la curée radicale que les républicains exigeaient.

Nous ne voulons pas, Messieurs, mettre ici les noms propres et demander où se sont casés les membres influents du centre gauche. Ils sont, soyez-en sûrs, partout où il y a des écus à drainer, et l'opinion publique, même l'opinion républicaine, ne tardera pas à les désigner du doigt et à les marquer pour l'expiation.

Qu'importe ? Ils jouissent en attendant.

Nous n'avons, pour notre part, qu'une chose à leur demander : Qu'avez-vous fait, que faites-vous de la prospérité économique de la France ?

Pendant neuf années que vous avez, membres du centre gauche, détenu dans vos mains tous les ressorts de la prospérité publique, quelle force nouvelle leur avez-vous imprimée ? Contre quels risques les avez-vous garantis ?

Et, cette question, nous hésiterions peut-être à vous l'adresser si, après le 14 octobre, quand vous vous êtes cru les maîtres en arborant le drapeau de la république, avec franchise, nous l'espérons, vous n'aviez pas prononcé devant la France, officiellement et de très-haut, que vous alliez clore toutes les crises économiques ; que l'ère d'une prospérité et d'une richesse certaine allait sonner à l'horloge restaurée par vous et remontée par vos savantes mains (1).

Non, nous ne vous demanderons même pas la raison pour laquelle vos ministres des affaires extérieures, ils ne sont pas nombreux et ils sont bien centre gauche, ont compromis, l'un la dignité

(1) La fin de la crise sera le point de départ d'une nouvelle ère de prospérité. (DUFAURE, garde des sceaux, *Message du 14 décembre* 1879.)

de la France par une courtisanerie égoïste, l'autre
les intérêts et la politique nationaux en prenant part
à des actions diplomatiques où la France était con-
damnée à ne point tenir la conduite et le langage
que lui prescrivaient ses traditions.

Hommes du centre gauche, vous êtes réellement
trop imbus des coutumes de la branche cadette des
Bourbons. Vous ne pensez qu'à vos écus.

Eh bien, voyons ce que vous avez fait pour le
bon emploi des nôtres.

Vous nous avez promis la prospérité économique, où est-elle ?

Quelle mesure avez-vous prise ou conseillée pour
la faire renaître ?

DEUXIÈME PARTIE

DEUXIÈME PARTIE

ACTIF ET PASSIF DE LA FRANCE

Messieurs,

C'est au 1ᵉʳ mai 1879 que nous allons examiner l'actif et le passif de la France.

L'actif de la grande société d'assurance mutuelle que les gouvernements ont accepté ou se sont donné la mission d'administrer est éminemment variable. Les crises passagères, qu'il n'est permis à aucune prévoyance humaine de conjurer d'une manière absolue ; les fausses manœuvres d'une gestion financière, mal calculée dans tel ou tel incident ; les conspirations politiques des partis pour accaparer le pouvoir ; les révolutions prolongées, affectent d'une manière plus ou moins grave la fortune publique et ses revenus.

En outre, telles parties de cette fortune échappent, par leur nature elle-même, et par leur mise hors d'atteinte de toute spéculation, à l'examen le plus attentif de la statistique. C'est ainsi qu'il est impossible d'attribuer une valeur approximative aux livres de nos bibliothèques, à nos monuments d'architecture, qui ne se révèlent financièrement que par les dépenses qu'ils imposent à l'association, aux richesses artistiques de nos musées, des galeries particulières consacrées aux beaux-arts ; toutes choses qui ont nécessité l'immobilisation d'un capital énorme et représentent un gros chiffre de la richesse sociale.

Puis, dans le premier ordre d'idées que nous avons énoncées, comme il n'y a de richesse active que celle exprimée par un revenu net, si on parvenait à établir rigoureusement son chiffre pour une période courte et circonscrite, ce chiffre pourrait être immédiatement modifié. Ainsi, quelques jours de soleil ou de pluie, une gelée, un orage viennent augmenter ou diminuer de plusieurs centaines de millions le rendement de la propriété agricole. Un mouvement accentué de la *bourse* fait parfois varier d'un quart, d'un tiers pour cent le capital mobilier ; il atteint même, dans de fortes proportions, le crédit de l'État.

Pour établir sans erreurs probables la fortune

de la France il faut donc s'en rapporter aux éléments fournis par l'examen des statistiques établies sous un gouvernement fixe, de longue durée, que n'ont troublé ni les émeutes successives, ni les fluctuations de l'opinion publique, émue par les calculs de la cupidité politique, ni les transes inspirées par l'instabilité d'un pouvoir à la merci des majorités mobiles de Parlements dont le plus grand nombre des membres est incapable de résoudre et de calculer les problèmes économiques que l'administration a le devoir de lui soumettre. C'est assez dire qu'il ne faut pas tenir grand compte des renseignements — du reste, en dehors des états de douanes, à peu près nuls — officiellement publiés depuis neuf ans. La vie administrative a, pendant cette période, été suspendue pour faire place, sous l'influence des meneurs du centre gauche, aux intrigues de la politique. Aussi convient-il, en évaluant le capital mobilier et immobilier de la France, de s'en tenir à ce que les esprits les plus sages, les plus attentifs, les plus étrangers aux agissements de la politique spéculative ont déterminé dans des temps calmes, toujours favorables aux intérêts économiques bien compris et bien éclairés.

Superficie et population de la France

La France comprend un territoire de cinquante-quatre millions d'hectares ; 548,525 kilomètres carrés.

Ce territoire est divisé en quatre-vingt-six départements ; deux mille huit cent soixante-trois cantons ; trente-six mille cinquante-six communes.

Il est occupé par trente-six millions neuf cent cinq mille sept cent quatre-vingt-huit habitants.

Sa population agricole est d'environ les cinquante-deux centièmes de sa population totale.

Nous puisons ces chiffres dans le dernier recensement, fait en 1876.

Fortune de la France.

MILLIARDS.

	Capital.	Revenu brut.
Propriété foncière agricole....	100	10.0
— urbaine	20	1.1
Production industrielle.......	160	12.0
Bénéfice du commerce sur 45 milliards d'échange........	15	4.5
Production intellectuelle artistique..............	35	3.5
A reporter......	330	31.1

Report..............	330	31.1
Industrie des transports.......	19	2.5
Titres financiers.............	32	1.6
Numéraire.................	7	0.0
	388	35.2

Capital immobilier

Ainsi la valeur totale du domaine agricole de la France actuelle, dans les frontières que lui ont tracées le traité de paix de Francfort, est évalué à...................... 100,000,000,000 fr

Celle de la propriété foncière bâtie est de.......... 20,000,000,000

Total du capital immobilier...................... 120,000,000,000

Capital mobilier

L'industrie, les mines et minières, les usines et manufactures, les ateliers et métiers donnent, à leur état de production normale, un revenu annuel de 12 milliards environ; ce revenu s'estime, en temps régulier, aux intérêts de 7 fr. 50 0/0 du capital et suppose que ce capital s'élève à...................... 160,000,000,000 fr.

Report........	160,000,000,000
La production intellectuel-le et artistique monte à....	35,000,000,000
L'industrie des transports produit...................	19,000,000,009
Les bénéfices du commerce, sur un total d'échanges de 45 milliards, donnent...	15,000,000,000
La valeur des titres financiers est de..............	32,000,000,000
Le numéraire doit s'évaluer au moins à...........	7,000,000,000
Total du capital mobilier.	268,000,000,000

Capital confié à l'État pour assurance contre les risques et les éléments divers qui peuvent entraver son libre jeu, sa reproduction, son augmentation, et toutes les causes qui peuvent affaiblir les dividendes :

CAPITAL MOBILIER, DEUX CENT SOIXANTE-HUIT MILLIARDS;

CAPITAL IMMOBILIER, CENT VINGT MILLIARDS;

TOTAL, TROIS CENT QUATRE-VINGT-HUIT MILLIARDS.

EN CHIFFRES RONDS :

QUATRE CENTS MILLIARDS.

Ce capital donne annuellement, pour l'ensemble les trente-sept millions de Français collectivement assurés par l'État, un revenu brut de 35 milliards, et net de 20 milliards de francs.

Le revenu total et net se trouve produit, à concurrence de 11 milliards, suivant le tableau ci-après, par une population industrielle et commerciale de quatorze millions de Français, soit, par tête, un revenu annuel de 786 fr. Ces chiffres sont une réponse souveraine aux communistes, qui prétendent qu'en mettant tout le capital mobilier entre les mains de l'État et en divisant son produit entre tous les travailleurs, on fonderait l'aisance et même la richesse des ouvriers de nos manufactures, de nos usines et de nos établissements commerciaux.

Production industrielle totale

(STATISTIQUE DE 1860)

Produits minéraux, chimiques, etc.

		Millions de francs.
Mines et carrières	265,1	
Industrie des fers	292,5	
Bijouterie, orfévrerie	200,0	
Métaux et ouvrages divers	154,0	1,077,60
Produits chimiques	80,0	
Arts céramiques	86,0	

Produits végétaux.

Chanvre et lin............	250,0	
Coton...................	630,0	
Sucres, boissons, vins, al-		3,506,50
cools, cidre, vinaigre (in-		
dustrie de l'alimentation).	2,591,5	
Bois....................	35,0	

Produits animaux.

Soie....................	1,200,0	
Laines..................	921,0	
Peaux, cuirs............	400,0	2,614,00
Os, ivoire, colle-forte......	30,0	
Pêche..................	63,0	

Industries diverses.

Bâtiment...............	870,0	
Ameublement............	548,0	
Habillement.............	1,369,0	
Tissus mélangés..........	330,0	
Dentelles et broderies......	90,0	3,923,25
Industrie des matières gras-		
ses....................	156,25	
Papeterie, imprimerie......	60,0	
Autres industries.........	500,0	

Total |général.......... 11,121,35

Le revenu foncier de la France est annuellement de 10 milliards, produit par une population de vingt-trois millions d'habitants, soit, par tête, un revenu également annuel de 435 fr., ce qui répond encore souverainement aux appétits communistes, quand ils réclament l'absorption de la propriété par l'État et la distribution de son revenu entre les citoyens.

Notez que, dans nos deux hypothèses, nous n'avons point tenu compte de la dette qui grève le capital social ; nous la retrouverons plus loin.

Nous avons calculé les chiffres du revenu de la propriété foncière à l'aide des statistiques officielles de 1862, époque normale à tous les points de vue.

Revenu foncier

SOIT LA PRODUCTION TOTALE DU SOL FRANÇAIS.

Statistique de 1862.

Céréales......................	4,875,000,000
Prairies......................	1,890,000,000
Vins..........................	1,387,000,000
Cultures potagères............	540,000,000
Cultures industrielles, bettera-	
A reporter......	8,692,000,000

Report..........	8,692,000,000
ves, garance, colza, etc., etc..	450,000,000
Forêts	378,000,000
Laines........................	212,000,000
Produits dérivés de l'agriculture, bière, eau-de-vie, huiles, soies, etc.....................	400,000,000
	10,132,000,000

Tous les chiffres que nous avons cités sont aussi rigoureusement exacts que possible.

Néanmoins, dans l'évaluation du capital immobilier, un article est, suivant nous, déprécié par les économistes les plus distingué, et par nousmême, qui avons cru devoir admettre leur évaluation, quelque erronée qu'elle nous paraisse : il s'agit du capital monétaire métallique existant en France.

De 1795 au 31 décembre 1877, il a été frappé dans nos différents hôtels de la monnaie :

En or...............	8,506,509,560 fr.	
En argent............	5,510,131,443	
En bronze...........	62,702,785	40
Total........	14,079,343,788	40

Nous n'avons pas besoin de faire remarquer que la démonétisation successive et partielle des pièces composant ce capital n'a pas influé sur son élévation totale, s'est toujours opérée par voie de transformation et non de suppression pour un emploi différent du métal monétaire.

Or, les économistes, au moins le plus grand nombre, pensent, sans donner, du reste, d'arguments solides à l'appui de leur opinion, que la France n'a conservé sur ces 14 milliards que 6 ou 7 milliards; les économistes varient entre ces deux chiffres. Nous avons dit avoir, dans nos calculs, adopté le dernier, bien que nous estimions à environ 9 milliards de francs la monnaie métallique répandue à l'heure actuelle en France. Nos raisons, pour arriver à ce chiffre, sont les suivantes :

L'Angleterre, on le sait, par la perfection de son système d'échanges et de comptabilité, par ses *claring-houses,* par sa circulation de chèques d'un usage général, déplace relativement peu de monnaie métallique : tout s'y règle par compensation, et la monnaie ne figure que comme appoint. Aussi, et sur ce point, tout le monde est d'accord, la monnaie métallique ne dépasse pas 5 milliards de l'autre côté de la Manche.

L'Allemagne et l'Autriche ont bien peu d'or et d'argent.

La Russie, l'Italie, l'Espagne et la Turquie n'ont que du papier.

Il paraît donc certain que, en supposant que l'Angleterre ait pris de 4 à 5 milliards, c'est-à-dire tout son capital monétaire, à la France, il reste à celle-ci les 9 milliards qu'elle a frappés en plus.

Nous n'avons pas à tenir compte de l'objection que le vulgaire pourrait être tenté de tirer des 5 milliards d'indemnité de guerre payés par nous à l'Allemagne. Tous les financiers savent comment se font ces transactions et le peu de monnaie métallique qu'elles déplacent une fois tous les comptes apurés.

En fait, nous n'avons pas tenu compte de nos certitudes; c'est avec les chiffres adoptés par les économistes que nous avons calculé à QUATRE CENTS MILLIARDS le capital mobilier et immobilier de la France, les valeurs dont l'administration du centre gauche a saisi, depuis neuf années, le mouvement et les assurances.

Après neuf ans d'une administration agitée par l'égoïsme d'une politique uniquement spéculative, toutes les parties de ce capital accusent de vives souffrances, tous ses détenteurs et tous les instruments qu'ils emploient font entendre des plaintes amères. Le gouvernement n'en garde pas moins un majestueux silence, une douloureuse inactivité.

Plaintes et souffrances sont cependant fondées.

Décroissance de la population

Le fait qui accuse le plus vivement le malaise général est la décroissance de la population. La population est la première richesse des peuples civilisés, la première force des nations puissantes.

La population britannique augmente de plus de 1,200 âmes par jour. Et alors que, sur l'ensemble du continent européen, l'accroissement de la population est de 137 pour 10,000, il est à peine de 50 pour 10,000 en France. En 1876 même, nous sommes arrivés à 255 naissances sur 10,000 habitants, contre 254 décès. Voilà certainement une situation très-remarquable et très-grave.

Cependant les mariages sont proportionnellement aussi nombreux en France que dans les autres pays. La tendresse paternelle y est aussi profonde. D'où vient donc cette raréfaction de l'enfance autour du foyer de famille? N'est-ce pas que la gêne s'asseoit au milieu de tous sous les apparences plus que sous le réalité d'un luxe vaniteux? que l'avenir se présente aux parents à travers de sinistres lueurs et que l'on redoute pour ses descendances la dispersion de l'héritage paternel.

On ne calcule pas que, la population française

demeurant stationnaire, tandis que celles des autres nations, et surtout des nations du Nord, s'augmente, l'équilibre se rompt à notre préjudice et nous désarme lentement, mais graduellement, contre les chances des agressions et des invasions étrangères.

Au congrès de Vienne, en 1814, quand les puissances alliées contre nous s'attachaient, au moins en apparence, à balancer la force des grandes puissances européennes, la France se présentait dans le groupe avec une proportion de 25 0/0 ; cette proportion n'est plus aujourd'hui que de 17 0/0.

C'est encore le scepticisme, la cupidité de la bourgeoisie centre gauche, des orléanistes, qui nous tue dans l'intérêt de l'accumulation des héritages sur une ou deux têtes par famille. On a remplacé les majorats de la noblesse par des pratiques anti-religieuses, anti-morales, anti-sociales qu'il ne nous plaît pas de décrire.

C'est ainsi que les départements où les familles ont proportionnellement le moins de membres sont la Seine et trois départements de la Normandie. Là domine la bourgeoisie aisée, sans être encore devenue riche, la bourgeoisie en marche pour la conquête de la fortune et jalouse d'exercer le pouvoir.

L'Agriculture

L'agriculture se plaint d'être placée dans une situation telle qu'elle ne peut plus cultiver le blé à dés prix rémunérateurs.

Il est certain que dans ces plaintes il y a beaucoup de vrai. Si nous ne pouvons admettre que les moyens proposés par les agriculteurs bourgeois soient de nature à redresser la situation, à satisfaire les besoins de la majorité de la nation française, à parer aux embarras de la crise que nous subissons, à empêcher qu'elle se reproduise dans des conditions plus dangereuses et plus amères, il faut convenir que les agriculteurs sont fondés à demander au gouvernement : Avez-vous prévu quelque chose? Avez-vous conseillé quelque chose? Avez-vous expérimenté quelque chose? Croyez-vous que quelque chose soit possible? Avez-vous fait ou tenté quelque chose en faveur de l'agriculture, qu'on appelle la mère nourricière du pays?

Quand le blé va, suivant l'expression vulgaire, les populations rurales sont satisfaites; mais si le blé ne va pas, l'agriculture en fait remonter la responsabilité au gouvernement.

Il est incontestable qu'en 1878 les blés ont valu 24 fr. les 100 kil., alors qu'en 1848, année aussi médiocre que celle-là, ils se sont maintenus entre 48 et 49 fr., bien que les conditions générales de la vie, le prix de la main-d'œuvre, fussent moins élevés qu'à l'heure actuelle.

Certains agriculteurs attribuent cette anomalie apparente à deux causes :

L'abaissement de 30 fr. à 4 fr. 50 du prix de transport d'Odessa à l'intérieur de la France ;

La concurrence des blés d'Amérique sur le marché français.

Ils en concluent la nécessité de protéger les blés français par un droit de douane sur leurs similaires du nouveau monde.

On pouvait lutter, disent-ils, contre les provenances russes ; il est impossible de lutter contre les blés d'Amérique, qui doivent, avec un fort bénéfice, se livrer à 20 fr. les 100 kil. sur nos marchés.

Et les populations agricoles demandent, assurent leurs représentants, un peu sans mandat : Pourquoi des droits protecteurs sur les cafés, les sucres, les alcools, les vins, les liqueurs, les viandes et pas sur les blés ?

Elles disent : à 32 fr. les 100 kil., le pain vaut 40 centimes le kilogramme, avec un bénéfice appréciable pour le boulanger et les intermédiaires. L'ouvrier peut facilement supporter ce prix, alors que celui de 32 fr. est indispensable au producteur.

Cela est-il fondé? Sur quelles données se base cette assertion que l'ouvrier peut supporter facilement le prix de 40 centimes? Pourquoi les détenteurs du sol auraient-ils la prétention de faire supporter ce prix alors que la concurrence étrangère peut l'abaisser de moitié?

Parce que, assure-t-on, où il y a pain, là naît l'homme, dit le proverbe ; parce que la question du blé est la plus importante de toutes ; parce que la culture du froment, de l'épeautre et du méteil couvre les 51 centièmes du territoire exploité par l'agriculture et donne les 64 centièmes de la valeur totale de la récolte.

Il ne saurait nous convenir d'entrer ici — l'espace nous manque et le lecteur ne nous suivrait pas — dans des calculs arides, d'examiner la valeur des arguments protectionnistes.

Mais nous devons dire au centre gauche, qui détient le gouvernement depuis neuf années, à la Chambre, et, aujourd'hui, aux Chambres souveraines, qui ont appelé et qui soutiennent ses hommes au pouvoir : Qu'avez-vous fait depuis neuf ans pour éclairer cette question? Vous avez des préfets, des sous-préfets, des maires, des conseillers généraux et d'arrondissement sur toute la surface du pays ; vous comptez des agents consulaires sur tous les points commerciaux de l'Amérique, et vous gardez le silence, et vous ne dites pas du haut de la tribune ou dans les colonnes de votre *Journal officiel*, à l'aide de documents authentiques marqués de votre sceau gouvernemental : « La vérité, la voici ; nous allons vous proposer les mesures nécessaires pour assurer son triomphe, faire cesser les plaintes et donner satisfaction aux intérêts alarmés. »

Vous vous taisez ; vous êtes incapables ou vous craignez de déranger quelque intrigue parlementaire. Que vous importent le pays, son administration et son agriculture? Vous jouissez du pouvoir et de la fortune qu'il réalise toujours pour les hommes de votre parti, vos amis restent collés sur les feuilles du budget, tout est donc bien ; il ne s'agit que de ne pas ébranler un tel état de choses. Eh bien! le centre gauche ne vit pas de la vérité. Il la laisse au fond de son puits et lui fait boire de l'eau.

Près de la moitié du produit total du sol de la France, c'est-à-dire 4,800 millions de francs sur 10 milliards, sont engagés dans cette question des céréales et pas un des ministères centre-gauche qui se sont succédé au gouvernement, à la gestion de nos affaires depuis neuf ans, n'a une opinion arrêtée, un principe inflexible sur cette question d'où dépend le pain quotidien du pays.

Ces ministères, unis contre la compétition politique, homogènes pour la conservation du pouvoir, comptent des membres d'opinions divergentes sur la question : les uns sont protectionnistes, les autres libre-échangistes.

Le vieux M. Dufaure acceptera, peut-être, la présidence de ce conseil hétérogène, et, si vous l'interrogez sur cette nécessité première, pour le gouvernement, d'avoir une ligne de conduite arrêtée, il vous répondra, s'il veut être franc, qu'il est un ministre parlementaire, un ministre politique, mais point un homme d'affaires, et que ces questions ne le regardent pas.

Qu'importe du reste l'opinion, même la plus arrêtée, d'un ministère centre-gauche? Ne savez-vous pas, Messieurs, par le précédent de la loi sur les matières premières, que l'incessante mobilité, la faiblesse chronique du centre gauche le rendent impropre à l'accomplissement d'une entreprise de défense sociale.

La Viande

La viande indigène est, assurent les mêmes agriculteurs, menacée dans un délai très-court par la même concurrence américaine.

Depuis moins d'une année, en effet, les Etats-

Unis envoient en Europe des viandes salées de qualité supérieure, et des viandes sur pied provenant du Canada commencent à arriver en Angleterre.

L'agriculture normande affirme que le bœuf d'Amérique, rendu en France tout vivant, coûte 350 fr. pièce, alors que le bœuf normand de même poids et de même qualité vaut 750 fr. et plus.

Le mouton de la Plata revient à 26 fr. sur le marché du Havre.

Avec de pareilles réductions de prix, l'alcool, le lard, le saindoux, la viande conservée, le beurre, le fromage américains pénètrent jusqu'au centre de la France.

Toutes ces denrées sont de premier choix et de qualité supérieure.

Les pêches de Boston, l'ananas de Bahama, les conserves de fruits, les conserves de poissons, tout cela arrive en France en première qualité à des prix extraordinaires de bon marché.

Comment, disent les agriculteurs normands, nous qui cultivons des terres à 4,000 fr. l'hectare, pouvons-nous lutter contre les producteurs d'Amérique, où l'hectare coûte 20 fr. ?

Et les transports ?

De New-York au Havre le transport coûte moins que de Cherbourg à Paris !

Cela est-il vrai ? cela est-il faux ? cela est-il sim-

plement exagéré ? Le gouvernement doit le savoir ;
s'il ne le sait pas, lui et ses agents sont incapables ; s'il le sait, lui seul est coupable ; quelque
intrigue de politique spéculative le porte encore à
dissimuler la vérité.

Vins

Les départements viticoles, quelques-uns du
moins et des plus féconds, sont minés par le phyl-
loxera. Le fléau s'étend avec une rapidité alar-
mante.

Sans doute le gouvernement centre gauche n'est
pas responsable de l'invasion de l'insecte destruc-
teur. Mais depuis neuf années qu'a-t-il fait, qu'a-
t-il cherché, qu'a-t-il trouvé pour réduire l'ennemi,
le détruire ou tout au moins le combattre ?

Toujours la même réponse : le gouvernement
n'a rien fait. Avant le 14 octobre 1876, il marchait
à la conquête du pouvoir; depuis les élections, il
travaille à le conserver. Que peut-on lui demander
de plus ? Cependant la production du vin est de
1 milliard 387 millions sur les 10 milliards de la
production totale du sol français.

Sucres

Voici un fait certain que nous relevons dans les
griefs de l'agriculture.

Le sucre vaut à Londres de 30 à 35 centimes le demi-kilogramme ; nous le payons à Paris de 65 à 70 centimes le même poids.

Pourquoi donc?

C'est, assure-t-on, parce que la culture de la betterave devient impossible. Sa valeur saccharine n'est pas en rapport suffisant avec la surface qu'occupe son volume, la puissance absorbante de sa racine, pour laquelle certains engrais onéreux peuvent seuls être employés sous peine de la voir refusée par les fabricants de sucre indigène.

Si cela est vrai, comme il est vrai que le prix du sucre à Paris est exorbitant comparé au prix du sucre à Londres, le gouvernement le sait ou l'ignore. S'il le sait, il est coupable de cacher la vérité et d'aider à la ruine d'une industrie très-importante de nos départements du Nord. S'il ne le sait pas, lui et ses agents sont incapables. On retrouve partout ce dilemme.

Avilissement du prix de la terre

Les détenteurs du sol et les fermiers se plaignent de l'avilissement du prix de la terre comme conséquence naturelle, du reste, de l'avilissement du prix des produits de la grande culture.

La terre aurait perdu 30, 40 et jusqu'à 50 0/0

du prix de sa valeur comparée à celle d'il y a dix ans.

Il est, en effet, incontestable que, dans le rayon agricole de Paris, les terres de culture se vendent couramment à 4 3/4 et 5 0/0 net. Beaucoup de fermiers demandent la résiliation de leurs baux ou menacent de se mettre en faillite.

Les prix des fermages seraient, dit-on, trop élevés. Nous ne saurions admettre cette seule raison, car il est évident que, depuis vingt-cinq ans, beaucoup de propriétés ont changé de mains par voie de vente. Or, jusque il y a dix ans, les acquisitions nouvelles se faisaient toutes au taux de 3 0/0.

En outre, si vous demandez au propriétaire rural d'abaisser le prix de location de sa terre, il vous répond que son capital d'achat va descendre à un revenu de 2 0/0, et cela au moment où le rentier vous fait remarquer, de son côté, qu'il ne touche plus que 3 3/4 0/0 de son capital et qu'il n'a ni terres, ni hypothèques pour le garantir.

Quelles sont les conséquences de cette double diminution portant d'un côté sur le sol, de l'autre sur l'épargne?

Le gouvernement le sait-il ou l'ignore-t-il? S'il le sait, il est coupable de ne pas éclairer les intéressés par de franches déclarations ; s'il l'ignore, il est incapable.

Comment on traite les mêmes questions en Angleterre

Les membres des Chambres anglaises et du gouvernement de là Reine ne se laissent pas enfermer dans de telles impasses et accuser de telles ignorances, incapacités ou félonies.

Quand une crise atteint l'agriculture ou l'industrie de la Grande-Bretagne, le cabinet est interpellé et le cabinet répond avec moins de désinvolture que MM. Dufaure, Léon Say et autres bourgeois orléanistes. Il n'affirme pas seulement : « Quand nous serons au pouvoir vous aurez l'âge d'or, » il annonce ce qu'il sait et ce qu'il peut.

Tout récemment, à la Chambre des Lords, le marquis de Huntly, l'un des grands propriétaires terriens de l'Angleterre, portait à la tribune les doléances de l'agriculture de son pays. Et il ajoutait : « Un quart de la population ouvrière est en grève ou sans ouvrage ; les trois autres quarts ont dû accepter des réductions de salaire. La tranquillité publique ne peut être maintenue que par le bon marché des subsistances. »

Lord Beaconsfield, lui répondant, a déclaré « qu'il n'évaluait pas à moins de 2 milliards les pertes éprouvées depuis quatre années par les propriétaires faisant valoir et par les fermiers ». Il a

ajouté qu'à ses yeux « la perte de cet énorme capital était une des principales causes de la détresse
industrielle, parce qu'elle a réduit les ressources
et les facultés de consommation.

» La taxe des pauvres a presque quadruplé depuis quelques années.

» Beaucoup de fermiers, renonçant à lutter, pour
la production des céréales, contre les importations
des Etats-Unis et du Canada, ont transformé en
prairies toutes les terres qui en étaient susceptibles
et se livrent à l'engraissement du bétail.

» Mais les Etats-Unis n'ont pas tardé à expédier
en Angleterre des viandes abattues, conservées
fraîches par l'emploi de la glace et du vide; puis
des compagnies de navigation ont transformé
d'immenses bateaux à vapeur en étables flottantes,
et des troupeaux de bœufs et de moutons ont été
amenés vivants des Etats-Unis et du Canada. »

Lord Huntly a affirmé qu'à sa connaissance la
moitié des fermes des comtés de Northampton et
de Huntigdon étaient à louer, sans qu'on pût trou-
ver un seul fermier. « On déserte l'agriculture; aucun bail ne se renouvelle plus. Les fermiers demandent une réduction de 20 à 25 0/0 sur tous
les baux ou à résilier les conventions, et cela dans
un pays où la propriété foncière ne rapporte, en
moyenne, que 1 1/2 0/0. »

Les ministres de la Grande-Bretagne se sont-ils bornés à éclairer ces questions, à provoquer un libre débat, à dire ce qui leur paraissait possible, praticable pour conjurer ou atténuer ces crises.

Non, ils ont agi.

Ils ne se seraient pas cru d'honnêtes et loyaux serviteurs si, pouvant faire quelque chose, ils ne l'avaient pas fait; si, se sentant incapables d'apporter un remède à de telles épreuves, ils n'avaient pas résigné le pouvoir.

Ils ont tout d'abord, et au détriment même des intérêts des membres de la Chambre des Lords et des Communes, possédant presque tout le sol agricole de l'Angleterre, favorisé l'introduction sans entraves et sans droits protecteurs de toutes les denrées nécessaires à l'alimentation des classes pauvres, qui souffrent de l'atonie des affaires et de la réduction des salaires.

Malgré la plus vive opposition d'une grande partie de leurs classes dirigeantes, ils ont fait sortir leur pays de ses torpeurs pacifiques ; ils l'ont réveillé et l'ont lancé dans les grandes entreprises de l'Inde, du Zululand, dans les mainmises sur l'Égypte, sur Chypre, etc., etc., qui n'ont d'autre but que l'ouverture de nouveaux marchés pour remplacer ceux qui se ferment à leur production industrielle.

Ils n'ont d'autre pensée que l'alimentation du travail chez eux.

Profitant, froidement et sans remords, de l'incapacité profonde de nos centre-gauchers, de cette contemplation béate de leur science politique, qui ne leur laisse plus, tant elle est sincère, le sentiment qu'on les joue, les ambassadeurs anglais sont devenus les familiers, les conseillers dirigeants, les maîtres de nos ministres des affaires étrangères.

Et le prince héritier déjeune avec M. Gambetta!

Essayez de persuader au centre gauche que tant de déférences et d'hommages ne s'adressent pas à lui ; qu'un mobile d'intérêt national puissant ne se cache pas derrière toutes ces démonstrations !

En attendant, le pain et la viande à bon marché étant assurés à l'ouvrier anglais, on va pouvoir réduire les salaires de 20 0/0 et lui maintenir du travail.

Voilà ce que font, en Angleterre, des ministres patriotes qui ne sont pas centre gauche.

La crise agricole et la dépréciation de la valeur de la propriété agricole existent en Angleterre comme en France. Mais, de l'autre côté du détroit, il n'est pas venu au gouvernement l'idée de cacher cette crise, de s'en désintéresser en quelque sorte, de déclarer que lord Beaconsfield et ses amis étant dans les conseils de la Reine, la prospérité publique allait immédiatement renaître.

Il n'est pas venu aux propriétaires éprouvés l'idée de faire peser des droits protecteurs spéciaux sur les blés et sur les viandes étrangères ; d'essayer d'en augmenter le prix pour peser d'un poids plus lourd sur la population industrielle ; et cependant l'aristocratie, qui détient le sol, détient aussi la grande masse du capital mobilier.

Non, ni cette aristocratie, ni le gouvernement n'ont médité de tels moyens, penché vers un si monstrueux égoïsme. Ils savent que tout est solidaire dans une grande nation.

Ah ! c'est qu'il n'y a pas d'orléanistes en Angleterre ; c'est qu'il n'y a pas de centre gauche ; c'est qu'un ministère, comme celui dont nous jouissons, ne resterait pas vingt-quatre heures au pouvoir, en admettant que la Reine fût assez téméraire pour l'y appeler.

Devant les Chambres anglaises, les amitiés des draineurs du capital-monnaie et des intrigants de la politique parasite ne sauraient espérer aucune influence. L'administration de la fortune publique y est réellement celle des intérêts nationaux ; elle exige le savoir, l'expérience et la droiture, comme toutes les administrations des affaires sérieuses.

Ce n'est pas seulement dans l'agriculture que la crise est aiguë. On la retrouve partout.

Les fers, qui nous sont indispensables, surtout en face du développement gigantesque que le ministre des travaux publics voudrait donner, avec une fougue vertigineuse, aux communications rapides, les fers protégés sont en souffrance. On a restreint leur travail dans toutes les usines, il y a eu des grèves récentes à Commentry, à Fourchambault, dans Saône-et-Loire.

La *houille,* dont la consommation est l'instrument le plus précis pour mesurer les forces industrielles d'une nation, la houille ! nous ne pouvons en livrer la tonne sur le carreau de la mine à moins de 12 fr., quand l'Angleterre vend la tonne de qualité supérieure sur le même carreau à 8 fr., à 7 fr. même.

La *soie* est en crise chronique à Lyon, le foyer le plus intense de l'esprit révolutionnaire. A Saint-Etienne, ville essentiellement libérale, comme dirait le centre gauche, l'industrie des rubans se meurt.

Notre *horlogerie* et notre *bijouterie* elle-même accusent de cruelles souffrances. Les États-Unis fabriquent la première sur une aussi grande échelle que Genève et le département du Doubs.

Nos bijoux communs s'écoulent mal ; nos bijoux d'art se maintiennent, mais dans un mouvement commercial très-ralenti. Enfin le diamant ordinaire a baissé de 40 0/0 et le diamant extra-beau, extra-blanc, perd lui-même de sa valeur.

Chiffonnerie. — Il n'est pas jusqu'au chiffonnier qui ne constate une dépréciation dans son industrie

Le vieux cuivre rouge a fléchi de 80 0/0 et le vieux laiton de 65 0/0.

Le vieux fer a baissé de 45 0/0.

Le chiffon s'est déprécié de 50 0/0 ; et ces variations se sont produites en une année.

Comment ! tout cela arrive réellement, doivent se demander les bourgeois orléanistes de Paris qui ne sont point manieurs d'argent, qui ne sont pas arrivés à pousser leurs fils ou à se pousser eux-mêmes dans quelque bon poste de l'administration ? Comment ! cela arrive malgré le passage aux affaires de M. Dufaure, cet austère bourgeois ; malgré l'action de M. Léon Say, si bienfaisante aux finances ; malgré les habiletés de M. de Marcère ; malgré l'autorité paternelle de M. Le Royer ; malgré l'influence étrangère de M. Waddington ? Allons donc, cela n'est pas possible. Et pourtant cela est. Alors, où se trouve le remède ?

Il est peut-être, se dit le bourgeois, dans la droiture de M. Grévy, dans l'éloquent opportunisme de M. Gambetta, dans le rigide républicanisme de M. Clémenceau. Et tous ces hommes-là sont des bourgeois comme moi, qui, comme moi, deviendront orléanistes quand ils seront bien affermis en selle et qu'ils conduiront la France sans opposition.

C'est l'éternel rêve du centre gauche ; c'était celui des Sillery et autres sectaires de Philippe d'Orléans sous la première Constituante et sous la Législative. Ils furent réveillés et mal réveillés par la Convention.

Commerce

Après avoir parcouru rapidement l'ensemble de la situation agricole et industrielle, après avoir constaté la crise aiguë qu'elle traverse, crise que l'incapacité ou l'imprévoyance de nos administrateurs menace de rendre chronique jusqu'à terminaison révolutionnaire et mortelle, il est inutile de prouver que le commerce est paralysé dans de très-fortes proportions.

Les états de douane ne prouvent-ils pas que l'équilibre est rompu entre nos importations et nos exportations, au profit de ces dernières ; ce qui établit sans conteste l'atonie commerciale, aussi bien que le peu d'élan de notre industrie.

Une cause importante, capitale, qui dépend

tout entière du gouvernement, pèse depuis neuf années sur nos transactions économiques avec l'étranger : c'est le doute qu'il est permis d'avoir à propos du régime commercial que l'administration entend imposer à la France ou conseiller aux Chambres de lui imposer.

Depuis l'avénement au pouvoir des hommes du centre gauche, depuis M. Thiers jusqu'à l'heure où nous écrivons, l'économie des traités de commerce est contestée, menacée. Dans l'incertitude d'une résolution que le gouvernement peut faire prendre de jour en jour dans un sens diamétralement opposé, il devient impossible de traiter à longue échéance sur les marchés étrangers et même sur le marché national. Ici encore l'administration du centre gauche se montre profondément coupable ou radicalement égoïste.

Le régime économique de la royauté bourgeoise reposait sur le protectionnisme, sur le monopole pour plusieurs grandes industries, et les bourgeois monarchistes qui se prétendent ralliés à la république, qui en dirigent encore les grandes affaires, moins courageux que M. Thiers, hésitent à mettre la main sur la liberté commerciale. Ils ne peuvent pas nier audacieusement, comme lui, après surtout l'échec financier de la loi sur les matières premières, que les effets de cette liberté, posés en principe et mis en mouvement par les traités de 1860, aient donné un rapide essor à la fortune nationale et qu'ils assurent à la population ouvrière le travail et l'aisance qui le suit.

Et voilà neuf années que le gouvernement centre gauche tient en quelque sorte suspendue notre activité commerciale dans les liens d'une douloureuse inquiétude à laquelle l'erreur, même franchement pratiquée, serait préférable. L'erreur, en effet, ne tarderait pas à précipiter encore la crise, et le commerce triompherait, avec la vérité, en face des désordres financiers qui se produiraient immédiatement.

Enfin, si l'on veut se rendre compte par un seul chiffre de la gravité de notre situation économique, il suffit d'additionner les diverses parties du capital monétaire confié aux banques-dépôts, et demeurant improductif. Cette somme dépasse 2 milliards pour la seule Banque de France.

Faut-il aller plus loin et examiner les affaires lancées par les banques de dépôt et par les principaux draineurs d'écus de Paris? On s'aperçoit immédiatement que ces affaires se poursuivent presque toutes à l'étranger, dans les pays qui n'ont pas de capital monétaire et dont le crédit personnel est fort contestable, et, dans tous les cas, à peu près inconnu du plus grand nombre, de l'universalité des possesseurs de l'épargne française. On ne parvient à monter d'affaires, en France même, que si elles sont appuyées par une garantie de l'État quant aux intérêts, par celle des départements ou des grandes villes. L'appât de forts dividendes entraînera peut-être notre épargne jusqu'au sein des Cordillières ; il ne les attachera pas à des entreprises de l'agriculture, de l'industrie ou du commerce français.

Qu'est-ce que le gouvernement centre gauche a fait pour essayer d'imprimer à notre capital-monnaie une direction plus nationale? Il a mis entre les mains de deux de ses plus chers adeptes le gouvernement de la Banque de France et du Crédit foncier. Et ses amis n'ont d'autre titre à ces hautes fonctions que leur impéritie en matière de finances, de commerce et d'industrie. Il en résulte que la Banque de France continue à se traîner dans une ornière dont les pratiques ne sont plus de notre temps, et que le Crédit foncier agonise sous les étreintes despotiques d'un homme qui entend imposer sa volonté suprême aux intérêts dont la surveillance seule de la gestion scrupuleusement statutaire lui est confiée.

Mais il y a plus : comme les affaires jouissant de la garantie de l'État ne sont concédées à telles compagnies que par les Chambres, par l'État, et

que la politique centre gauche domine le mouvement des Chambres, il s'ensuit que les compagnies
écartent soigneusement des conseils d'administration tous les administrateurs, aussi capables qu'ils
soient, qui ne sont pas ou qui ne paraissent pas
inféodés au centre gauche.

En somme, les bourgeois orléanistes sont partout, à la direction ou au conseil des affaires créées
ou à créer avec les épargnes de la France.

Le gouvernement du centre gauche nous objec-
terait en vain que la presse est libre et qu'elle
peut, qu'elle doit éclairer la gestion de notre
épargne. Allons donc! est-ce que les meneurs du
centre gauche ne savent pas, comme nous, que la
presse est en partie entre les mains des draineurs
de capitaux, en partie subventionnée par eux. Et,
comme l'intérêt de ces draineurs n'est pas le même
que celui de l'épargne, puisque leur but est de la
faire passer dans leurs caisses pour la réduire au
passage de 30, de 40, de 50 0/0, il s'ensuit que la
presse, au point de vue des affaires, professe exac-
tement les mêmes opinions que le centre gauche.

Quelque question qu'on aborde, partout on
rencontre les agissements obliques du centre
gauche, âpre à la fortune et aux honneurs, indo-
lent et timide, incapable ou égoïste à l'assurance
de l'avoir de la société, qu'il entend diriger.

5.

TROISIÈME PARTIE

TROISIÈME PARTIE

FINANCES

Nous venons, Messieurs, d'examiner rapidement
l'ensemble de notre situation économique. Elle est,
vous l'avez vu, en pleine crise. Nous avons dû convenir que les mêmes embarras se produisaient
pour les autres nations de l'Europe. Mais nous
vous avons fait remarquer que là les gouvernements confessaient la réalité des souffrances, étu-
diaient la crise, les moyens de la résoudre, de la
complétement éclairer aux yeux des populations
qui leur ont confié leurs intérêts ; enfin, qu'ils agis-
saient résolûment comme en Angleterre. Tandis
qu'en France, où les hommes d'Etat du centre gauche administrent et se déclarent seuls capables
d'administrer, on n'a rien prévu, rien étudié, in-

diqué aucun remède, aucune espérance à venir
en dehors du maintien des mêmes hommes dans
les conseils de la république. Bien loin d'augmenter
les dividendes du capital qu'ils ont mission de garantir, et d'aider à prospérer, ils voient ces dividendes diminuer de jour en jour, menacer même
de disparaître, sans sortir de leur ambitieux
égoïsme et de leur majestueuse incapacité.

Cela suffirait, sans le moindre doute, à la nation
mieux éclairée pour l'amener à rejeter des administrateurs qui ont l'étrange prétention de s'imposer à sa fortune, au risque de la compromettre.

Mais le centre gauche a fait plus. Au milieu de
l'état intolérable où il force la France à se débattre,
il ne se contente pas de laisser déprécier les revenus. Il augmente arbitrairement la prime d'assurance ; il surcharge les frais généraux ; il ne
respecte pas suffisamment le crédit même de l'É-
tat. Nous allons en donner la preuve.

Si la France, dans une situation normale, peut
prétendre à un revenu net de 20,000,000,000, ce
revenu se trouve grevé d'une dette hypothécaire
dont les arérages montent à 12,000,000,000, et
d'un budget annuel dont les prévisions de dépenses pour 1880 s'élèvent à 3,716,349,055 fr.,
supérieures de 1,563,635,062 fr. aux prévisions
budgétaires de 1871, exercice que les législateurs

jui en ont calculé les dépenses devaient présumer
à l'abri de toute crise économique, de toute diminution dans les réserves.

Ce chiffre de 3,716,349,055 fr. se compose du
montant des primes d'assurance et des frais généraux utiles à l'application régulière de ces
primes. L'augmentation que nous venons de si-
gnaler porte ainsi tout entière sur les mêmes
frais généraux.

Quelques-unes sont justifiées, et les discuter serait manquer de prévoyance. On ne saurait nier
qu'il faille donner au pays une force armée aussi
grande que possible; et, malgré les erreurs com-
mises par M. Thiers dans la négociation des em-
prunts de guerre, comme celles encore moins ex-
cusables de M. Léon Say dans la création du 3 0/0
amortissable, il faut les déplorer, mais il convient
de les subir. Ainsi quatre seuls articles imposent
au budget de 1880 une augmentation de 1 milliard
124,965,855 fr., que nous admettons.

Mais il est permis, en présence des lois qu'on
médite contre la liberté de conscience, de redouter
l'augmentation des dépenses de l'instruction publique. Il ne serait cependant pas équitable de les
condamner pour ce seul motif; cette augmentation
s'élève à 25 millions. Il en est de même de quelques
autres dépenses, de celles des postes et des télé-

graphes, de celles des travaux publics, bien qu'on semble vouloir marcher à l'expropriation des chemins de fer par l'Etat, au risque encore de diminuer les revenus et d'accroître les frais généraux.

Mais les augmentations afférentes aux dettes viagères, aux affaires extérieures, à l'intérieur, à la police, aux finances...., augmentations qui atteignent un chiffre rond de 200,000,000 de francs, il est malheureusement difficile de les justifier par des services rendus ou à rendre à la société. Elles proviennent de création d'emplois nouveaux au profit des partisans de la politique bourgeoise, de la mise à la retraite anticipée de serviteurs jeunes encore malgré leurs longs services, et que leur expérience et leur savoir devaient conserver longtemps au poste qu'ils occupaient et qu'on n'a rendu vacant, au préjudice matériel de la société, que pour faire place à des ambitieux plus dévoués ou simplement soupçonnés d'être plus dévoués aux intrigues du centre gauche, puis aussi pour donner des gages à l'opportunisme républicain; stratégie parlementaire que les contribuables, les membres de l'administration trouveront certainement un peu lourde à payer de leurs écus.

Ne faut-il pas en conclure que, par de telles coutumes, entraînant de telles dépenses inutiles à l'as-

surance du capital social, les administrateurs centre gauche font preuve non plus d'incapacité et
d'imprévoyance, mais d'agissements qui ont un
nom dans la langue des affaires, et qui entraînent
pour les administrateurs délégués ordinaires et
même pour leurs conseils de graves responsabilités.

Que dirons-nous des augmentations du budget
de la police? Les crimes, qui se multiplient; les cou-
pables, tous les jours plus nombreux, qui parvien-
nent à se dérober à tout châtiment, se chargent de
répondre que les augmentations des frais de police,
s'ils sont utiles, ont une application plus politique
que de sécurité générale.

Nous avons avancé que les ministres centre gauche n'avaient pas toujours assez scrupuleusement
respecté le crédit de l'Etat.

Il convient en effet, Messieurs, de reprocher au
cabinet encore en exercice deux faits qui ont, suivant nous, beaucoup d'importance :

L'incident relatif à la discussion extra-parle-
mentaire de la conversion de la rente ,

La négociation, couverte, il faut le dire, par l'om-
nipotence parlementaire, du 3 0/0 amortissable.

La conversion de la rente a été, cela est certain,
le rêve le plus caressé de nos principaux ministres
des finances. Cela se comprend : cette opération

n'étant possible et équitable qu'en temps de prospérité publique, est une des caractéristiques de cette prospérité.

M. Léon Say, le brillant administrateur des finances de la république bourgeoise centre gauche, s'est montré jaloux de la gloire de ses illustres prédécesseurs, et il a rêvé de conversion de la rente.

Sans doute, il serait fort avantageux d'alléger de 35,000,000 les charges du Trésor. Mais on se demande comment, au plus fort d'une crise économique, au milieu de l'état d'instabilité de la France et même de l'Europe, il a pu venir à la pensée d'un sage, d'un prudent surintendant des finances comme l'ancien directeur du *Journal des Débats*, de songer au déplacement gigantesque d'un capital de 6 à 7 milliards.

Si M. Léon Say pouvait se faire illusion sur l'opportunité d'une telle mesure, lui était-il permis de compter pour sa personne et pour son gouvernement sur la popularité qu'elle devait entraîner?

M. Gambetta, lui, s'est montré plus habile; deux fois il a soufflé sur le rêve ministériel, deux fois il l'a dissipé. Il comprenait, l'opportuniste par excellence, que c'était là un mirage dont la réalité, si elle venait à se constituer, tuerait infailliblement la république athénienne.

Ainsi, M. Léon Say a manqué deux fois, au sujet de la conversion, d'ébranler le crédit de la France en bravant une impopularité certaine. Et l'on assure que ce ministre est intelligent, que le président de la république a refusé de s'en séparer, parce qu'il lui serait impossible de s'en procurer un plus capable. Si cela est vrai, quelle serait donc l'indigence du personnel administratif de la république bourgeoise?

En outre, M. Léon Say est l'inventeur de la rente 3 0/0 amortissable, dont la première émission est inscrite au budget de 1879 pour la somme de 34,979,000 fr. Cette rente, on le sait, doit s'amortir en soixante-quinze années.

Les agents du ministère des finances parvinrent à en écouler au début un certain nombre de titres faisant une assez forte part, à 86 et 87 fr. Aujourd'hui elle est à 81,50 et flotte presque entière sur le marché.

C'est que, financièrement, elle constitue une opération détestable, une sorte de difformité.

Conçoit-on qu'un rentier, le détenteur d'une épargne péniblement amassée, place son capital pour recevoir, avec un intérêt très-minime, le soixante-quinzième de ce capital chaque année; c'est-à-dire qu'il s'expose à manger, sans s'en apercevoir, ce soixante-quinzième avec la rente qu'il a perçue ? A-t-on jamais vu un rentier sérieux rechercher un tel placement?

Est-ce tout? Non pas. Cette rente amortissable, que nous appellerions volontiers et qui deviendrait, dans la pratique annuelle, une rente à fond perdu, est maintenue, nous ignorons par quel phénomène, à un taux qui a été d'abord de 9 fr. et qui est encore de 3 fr. supérieur à celui du 3 0/0 ordinaire; et cela quand tous les financiers savent que, pour amortir la rente en soixante-quinze années, il suffit d'une dépense annuelle de 37 centimes par 100 fr. de capital. Le 3 0/0 amortissable ne vaut donc que 37 centimes de plus que le 3 0/0 ordinaire; celui-ci est à 79 fr. 50, l'autre devrait être à 79 fr. 87.

Enfin, M. Léon Say a laissé faire deux fois, à un court intervalle, ce qu'on appelle le coup de la conversion.

Une première fois, quand, après le discours de M. Gambetta à Romans, le 5 0/0 a monté de 1 fr. 50.

Le ministre des finances ignorait alors que le chef de l'opportunisme était opposé à la conversion et le proclamait publiquement.

Une telle candeur de la part du ministre nous désarme et déconcerte toute critique.

La seconde fois, l'histoire est presque d'hier, les plaies produites sont encore saignantes et les cris des victimes ne sont point apaisés; M. Léon Say revient à son projet de conversion. Le 5 0/0 baisse de 2 fr. 50. La commission du budget rejette la conversion, le 5 0/0 remonte de 2 fr. 50 ; soit 5 fr. de perte pour les rentiers qui ont pris peur et ont vendu, qui ont repris confiance et se sont rachetés.

Une année de revenu a disparu pour eux, mais elle est naturellement tombée dans la bourse de quelqu'un.

Les hommes qui connaissent le mieux la statistique de la Bourse estiment à 25,000,000 le gain réalisé par un nombre très-limité de très-gros spéculateurs.

A la suite de ces erreurs de M. Léon Say, qui ont porté la première atteinte sérieuse au crédit de la France, le 5 0/0 s'est déclassé pour entrer dans les mains de la spéculation.

En voici la preuve :

En janvier dernier, les recettes générales ont acheté . . . . 1.323.854 fr. de rente 5 0/0
et ont vendu . . . . . . 371.783 —

En février,
Les achats s'élèvent à 749.960 —
Les ventes atteignent 1.059.652 —

En mars :
Les achats sont de.. 755.887 —
Les ventes de . . . . . . 1.285.249 —

Et ce fait ne s'explique pas par des besoins d'argent, car, pour le premier trimestre de l'année, les achats de rentes françaises s'élèvent ensemble à..................   5.453.574   » de rente.
Contre la vente de....   3.699.661 85   —

En capitaux, les achats sont de........   131.681.928 58
et les ventes sont de..   85.971.866 20

Nous sommes loin d'accuser M. Léon Say d'avoir fomenté ou seulement rêvé ce mouvement étrange et désastreux, mais nous l'accusons, sans craindre de contradiction, d'avoir manqué de prévoyance et d'aptitude.

C'est ainsi, Messieurs, que nos finances sont gérées et nos dividendes compromis par le premier financier du centre gauche orléaniste, bourgeois et républicain.

La liberté de conscience

Nous en avons fini avec l'examen de la gestion de nos intérêts matériels par les convertis de l'orléanisme à la république. Nous ne pousserions pas plus loin notre travail si la France n'était pas, au moment même où nous parlons, violemment agitée par les tentatives plus ou moins directes du ministre de l'instruction publique contre la liberté des pères de famille et même contre la liberté de conscience.

Nous ignorons le sort réservé au projet de loi présenté par M. Jules Ferry à l'examen de la Chambre des députés; mais, dans ses derniers discours en province, le ministre nous a démontré avec quelle ardeur systématique il maniait les sophismes. D'ailleurs, ce projet de loi a été délibéré par un conseil dont tous les membres sont solidaires, et M. Jules Ferry, ancien rédacteur du *Temps*, l'organe protestant des orléanistes, n'est lui-même qu'un ancien bourgeois centre gauche, un orléaniste converti.

Les projets du ministre de l'instruction publique sont heureusement d'une transparence telle qu'il n'est pas permis de se tromper sur les tendances adoptées par le conseil des ministres et présentées par l'un d'eux à la sanction du Parlement.

La doctrine ministérielle est excessivement simple. Elle est traduite depuis longtemps, en style fort clair, dans tous les programmes révolutionnaires, en ces termes : « Éducation gratuite, laïque et obligatoire. »

On entend proscrire, avec un opportunisme plus ou moins déguisé, l'enseignement de toute doctrine religieuse, en faisant payer par l'État seul toute l'instruction publique, en ne permettant d'enseigner qu'à des hommes révocables par le gouvernement, ne considérant Dieu que comme une curiosité archéologique bonne encore, peut-être, à l'ornementation des églises qu'on rêve sans doute de tranformer un jour, mais parfaitement déplacée et nuisible dans le mouvement de la civilisation moderne.

En somme, le gouvernement veut que l'esprit de tous les enfants, de tous les jeunes gens, soit un vase incessamment ouvert pour lui seul et où il pourra verser, par des mains relevant de lui seul, savoir et conscience, toutes les fantaisies qu'il croira nécessaires au triomphe de sa politique.

Si l'espace ne nous manquait pas, nous distillerions phrase à phrase, mot à mot, le projet de loi du gouvernement sur l'instruction publique et nous en extrairions la formule condensée de l'athéisme le plus radical. N'est-ce pas, après tout, une notoriété, une illustration du centre gauche, un orléaniste comme M. de Montalivet, qui, s'il vivait aujourd'hui, serait, comme M. de Montalivet, un orléaniste converti à la république; n'est-ce pas un centrier qui, sous la monarchie de Louis-Philippe, laissa tomber de la tribune de la Chambre des députés ce précepte gouvernemental: « La loi est athée. »

Oh! M. Ferry et le cabinet dont il est membre

solidaire ne sauraient faire prendre le change à la nation. Ils veulent mettre la main sur la liberté des pères de famille pour dominer la conscience des générations futures ; pour en chasser l'idée de Dieu et de la morale chrétienne ; pour faire enseigner ce qu'ils croient nécessaire aux intrigues de leur cauteleux parti ; pour essayer de falsifier l'histoire, d'effacer les traditions ; pour usurper la notoriété matérielle, comme ils ont usurpé le pouvoir, par l'hypocrisie et le mensonge.

Quelle hypocrisie que l'instruction libre, alors que l'Etat politique seul et les fonctionnaires de l'Etat peuvent la donner !

Quelle ironie que l'instruction gratuite, alors que tous sont obligés de payer, par l'impôt, un enseignement qu'ils subissent avec horreur et que le gouvernement seul distribue !

Quel attentat à la liberté que l'instruction obligatoire, alors que cette obligation ne peut être remplie que sous l'arbitraire de l'État et jugée que par ses fonctionnaires !

Pourquoi ne pas être francs comme ceux que vous proclamez vos ancêtres dans la grande révolution ? Pourquoi ne pas proposer aux Chambres de faire décréter cette seule et simple formule au sujet de l'enseignement :

« L'enseignement est donné pour tous égale-

ment, au moyen de l'impôt prélevé sur tous par le budget.

» Pour enseigner, il ne suffit pas d'être citoyen français et même d'avoir fait preuve d'aptitude scientifique devant les jurys de l'État, il faut être agréé par l'Etat, avoir fait ses études dans les écoles de l'État, être breveté par l'État.

» L'enseignement reçu dans les conditions posées ci-dessus est indispensable pour être citoyen français et pour en exercer les droits.

» L'Etat étant athée, l'idée de la Providence est rigoureusement exclue de son enseignement obligatoire et laïque.

» L'Etat étant d'institution purement nationale, les corporations religieuses catholiques, comme les prêtres catholiques, relevant, pour la conscience, de l'autorité spirituelle du Pape, qui réside loin de notre frontière, sont exclus du droit de donner l'enseignement. »

Pour être complétement logique, il faudrait ajouter :

« Tout père de famille qui, bien que payant par l'impôt l'enseignement de l'Etat, fait donner l'instruction à sa famille par des instituteurs non agréés de l'Etat, est déchu de sa qualité de citoyen français. »

Mais l'opportunisme et la bourgeoisie centre

gauche sont peu partisans des formules claires.
Ils aiment les sentiers tortueux, détournés, cou-
verts, par lesquels ils marchent à leur but sans être
signalés.

Aussi le ministre de l'instruction publique a-t-il
soutenu, dans un récent discours, que son projet
de loi ne portait aucune atteinte à la liberté ; que
chaque citoyen français demeurait le maître de
faire instruire ses enfants par telle personne qu'il
lui plairait de choisir.

Quelle hypocrite ironie !

Combien existe-t-il de citoyens français pouvant
faire donner à leurs fils et à leurs filles l'enseignement par des instituteurs qu'ils choisiraient et
qu'ils entretiendraient?

Il n'y a pas, dans la nation, trente mille citoyens
capables de supporter une telle charge. Trente
mille citoyens libres sur dix millions de citoyens
esclaves du caprice du gouvernement! Nous osons
demander à M. Jules Ferry lui-même s'il se prend
au sérieux, s'il ne se moque pas de la France et
même des fonctions dont il est revêtu.

Mais, encore une fois, ce qu'il y a de grave dans
le projet de loi du ministre de l'instruction publique, ce n'est pas seulement les monstrueuses erreurs qu'il contient, l'esprit de radicalisme qui en
découle comme d'une source toute naturelle; ce

n'est pas que de telles erreurs et un tel esprit soient ceux de M. Jules Ferry. Non, c'est que ce projet de loi, avant d'être déposé devant la Chambre basse, a été délibéré par tous les membres du gouvernement ; c'est que ce n'est pas le projet de loi de M. Jules Ferry, mais celui du cabinet tout entier ; c'est qu'il est ainsi démontré que, sous la république opportuniste et modérée, sous la présidence de M. Grévy, il est un groupe politique, le plus important, assure-t-on, par son intelligence, ses aptitudes, son libéralisme, qui entend ne reculer devant rien pour amener le triomphe des mesures qui froissent le plus vivement, non-seulement le peuple français, mais les consciences de tous les peuples civilisés, qui portent directement les plus cruels outrages à la liberté individuelle et collective.

Il est impossible qu'une nation agitée par de si misérables doctrines et forcée d'employer son activité à lutter contre elles, puisse consacrer toute son attention à sauvegarder sa fortune matérielle, menacée par la crise économique la plus aiguë et la plus dangereuse. Il est impossible que le désordre ne se glisse point partout. Il est fatal que les prétendus amis de l'ordre par la liberté, qui frappent la liberté et n'assurent pas le triomphe de l'ordre, « causent des insomnies à l'univers ».

La politique extérieure

Il nous reste, Messieurs, à vous entretenir de la politique extérieure du centre gauche, de cette partie, la plus importante peut-être aujourd'hui, du capital moral que vos administrateurs ont pris en charge.

C'est là une tâche douloureuse, la plus pénible, et la plus délicate de celles que nous avons à remplir.

Il nous faudra sans cesse avoir en vue les sentiments du plus ardent patriotisme pour nous taire sur certains points, et il nous faudra toujours songer à nos devoirs pour en aborder certains autres.

Où en est l'Europe après les neuf années d'une France en révolution ?

Tout est troublé, tout est sombre.

L'Angleterre travaille, négocie et combat pour donner du pain à ses enfants ; toute sa puissance maritime et militaire est employée et immobilisée dans ce but.

Devant cette suprème loi de l'existence tout intérêt européen d'ordre moral la trouve indifférente ; l'équilibre du monde ne l'intéresse plus.

Seul, un ministre centre gauche peut caresser, peut rêver son appui contre une coalition armée qui viendrait à fondre sur nous.

L'Angleterre ne sera même plus, et de longtemps, une puissance médiatrice et régulatrice.

En Italie, la fièvre, une situation économique déplorable, l'impossibilité de rester longtemps dans cet état et le dilemme évident : la guerre ou l'anarchie.

L'Autriche-Hongrie, encore préservée des catastrophes imminentes par sa fidélité au souverain, souffre de toutes les souffrances de l'Europe.

En Russie, ces symptômes morbides à l'état aigu : la misère, le socialisme, le Trésor vide, l'agitation panslaviste conduisant de nouveau à la guerre.

Est-il nécessaire de parler de la Turquie, qui n'existe plus que de nom, et de ses provinces démembrées, fatalement vouées à la guerre civile pendant longtemps encore?

Reste l'Allemagne, l'Allemagne disciplinée, concentrée, repliée sur elle-même, souffrant de l'exagération de son état militaire, de sa pauvreté, de la nécessité de gagner de l'argent et de la nostalgie de la mer pour profiter des remarquables aptitudes de colonisation de ses enfants.

L'Allemagne, étreignant le socialisme de sa main de fer, apaisant les catholiques, obéissante et dévouée à son empereur.

Quant à la France, à notre France bien-aimée,

vous savez où elle en est, Messieurs. Sa situation politique peut se résumer en deux mots :

La révolution préparée par le centre gauche ;

Le centre gauche impuissant à contenir la révolution qu'il a déchaînée.

Partout le danger social et le danger extérieur, partout la guerre et partout la révolution menaçante.

Voilà la situation de l'Europe.

Ecoutons maintenant et méditons avec une patriotique douleur ces paroles de l'empereur de Russie :

« La pire des républiques est celle des avocats
» et des bourgeois ; car, pour arriver au but inévi-
» table de toute république : le cataclysme social,
» elle met plus de temps, et la nation est affaiblie,
» énervée quand il s'agit de se sauver par l'éner-
» gie. »

Et ces paroles d'hier au général Gourko, qu'il vient de charger de réprimer le nihilisme en Russie :

« Vous êtes le dernier délai que j'accorde à la
» révolution. Si vous aussi vous ne réussissez pas,
» je crois de mon devoir, si douloureux que cela
» puisse être à mon cœur, de couper le mal à sa
» racine, car, cette racine, je la connais ? »

Et encore ces paroles du vieil empereur d'Allemagne :

« Un d'Orléans sur le trône de France serait
» d'un bien mauvais exemple ! »

Après ces terribles jugements, arrêtons-nous, et
ne demandons pas au centre gauche ce qu'il a fait
de nos intérêts extérieurs, du capital moral de
notre société.

———

Nous nous résumons, Messieurs.

Sous l'empire de l'administration prolongée des
hommes politiques du centre gauche, depuis neuf
ans le patrimoine de la France s'est constamment
amoindri, les dividendes fournis par le capital social se sont sans cesse abaissés.

Le sol est déprécié de valeur ; les établissements
industriels sont fermés ou ont réduit leur production.

La somme des salaires a été sérieusement atteinte ; la propriété-travail accuse de véritables souffrances là où elle n'est pas complétement détruite.

Or, on ne trouve dans les registres des délibéra-
tions de notre conseil d'administration, de notre
conseil des ministres, aucune étude sérieuse sur
cette situation intolérable ; la trace d'aucune ten-
tative pour la prévenir et pour l'atténuer ; la pré-
sentation d'aucun projet de loi pour aider la fortune
publique soit à vaincre les résistances quelle rencontre, soit à quitter le courant qui l'entraîne et la

submerge pour se livrer à un courant nouveau.

De plus, à mesure que la malaisance et la misère montent dans la nation, ses conseils augmentent sans utilité les budgets généraux, au profit des intérêts personnels de leurs amis et des amis de ceux dont il leur faut conquérir les voix dans les comités de surveillance, la Chambre haute et le Sénat.

Enfin, le peu de respect des administrateurs centre-gauche pour les principes moraux sur lesquels reposent, chez tous les peuples, la sécurité nationale et la fortune publique, favorise l'invasion des appétits révolutionnaires ; nuit au crédit de la nation ; indispose ou dispose peu la confiance des peuples étrangers ; atteint notre considération et nous met hors du concert européen, loin duquel aucune nation continentale ne peut vivre avec indépendance.

Nous avons, Messieurs, appuyé ces assertions de preuves évidentes que nous aurions pu rendre plus nombreuses, si nous n'avions pas craint d'étendre trop les limites de notre rapport et de mettre en doute vos aptitudes à le développer.

Voici nos conclusions ; elles se résument en une seule phrase : « Il faut remplacer, à la direction et dans les conseils d'administration de la société d'assurance mutuelle formée entre tous les citoyens, les hommes et les doctrines du centre gauche. »

Par qui, nous direz-vous peut-être ?

Ici se présentent deux solutions :

Ou il convient de garder le Parlement actuel, et alors il est nécessaire de choisir le cabinet dans le parti républicain ;

Ou il est utile de procéder avant tout à la dissolution du Parlement; dans ce cas, et cette dissolution prononcée, le nouveau ministère sortirait naturellement de la majorité de la Chambre nouvelle.

La première hypothèse nous semble et vous semblera sans doute, Messieurs, la seule immédiatement praticable. Le président de la république devrait ainsi charger. M. Gambetta de composer un cabinet, alors même que ce dernier refuserait d'en faire partie.

Mais, nous objectera-t-on, vous serez alors en pleine république non-seulement légale, mais effective.

En quoi cette situation aggraverait-elle les risques que courent notre fortune et notre nationalité?

L'administration pseudo-républicaine, à la tradition bourgeoise et orléaniste, est déplorable, elle nous conduit aux abîmes.

L'administration républicaine opportuniste promet merveilles. L'opportunisme consiste à saisir le pouvoir à propos, pour réaliser des merveilles.

Il ne peut pas faire pis que le centre gauche; peut-être fera-t-il mieux?

Toujours est-il que nous saurons très-vite à quoi nous en tenir, et que la France sera très-promptement éclairée, par la pratique, sur les hommes et sur les doctrines qui aspirent à diriger ses destinées.

On nous objectera peut-être encore que nous critiquons, que nous conseillons bien à loisir, mais que rien ne prouve que nous-mêmes et nos amis administreraient mieux ou moins mal que le centre gauche.

Eh bien! nous nous réservons, en ce qui touche au moins l'administration du patrimoine et de la France, de proposer des moyens et d'en démontrer l'efficacité pour garantir ce patrimoine et en relever les dividendes.

Mais, avant qu'aucun parti, qu'aucun homme sérieux consentent à entrer dans les conseils du gouvernement, il faut, Messieurs, que le centre gauche soit sorti de ces conseils, avec son incapacité, son hypocrisie, sa cupidité et ses intrigues.

PARIS

IMPRIMERIE BALITOUT, QUESTROY ET Ce

7, RUE BAILLIF ET RUE DE VALOIS, 18.

www.ingramcontent.com/pod-product-compliance
Ingram Content Group UK Ltd.
Pitfield, Milton Keynes, MK11 3LW, UK
UKHW020911120726
13693UKWH00003B/991